9

供电企业生产技能人员标准化作业培训教材

变压器例行试验

福建省电力有限公司　组编

输变电

中国电力出版社
CHINA ELECTRIC POWER PRESS

内 容 提 要

本册书是按照《供电企业生产技能人员标准化作业培训教材》体系的要求，结合生产实际编写而成。本册书共分为两大部分，第一部分根据变压器例行试验的项目内容，介绍变压器例行试验标准化作业的工作流程、安全风险与预控、工作质量标准与控制等内容，并结合变压器电气试验和绝缘油取样实际案例，对变压器例行试验操作要点、关键步骤的控制、安全注意事项、管理要求等进行了具体分析。第二部分主要介绍了实际作业案例相关的标准化作业文本。

本册书作者都是长期从事电力生产一线的员工，有较为丰富的现场实际经验，所列举的案例在实际生产过程中较为典型，具有较强的生产现场指导意义。本册书可作为供电企业电网输变电工作人员的培训教学用书，也可作为电力职业院校教学参考用书。

图书在版编目（CIP）数据

供电企业生产技能人员标准化作业培训教材. 输变电/福建省电力有限公司组编. —北京：中国电力出版社，2012.12
ISBN 978-7-5123-3810-4

Ⅰ. ①供… Ⅱ. ①福… Ⅲ. ①供电－工业企业管理－标准化管理－中国－技术培训－教材 ②输电－电力系统－技术培训－教材 ③变电所－电力系统－技术培训－教材
Ⅳ. ①F426.61

中国版本图书馆 CIP 数据核字（2012）第 287838 号

中国电力出版社出版、发行
（北京市东城区北京站西街 19 号 100005 http://www.cepp.sgcc.com.cn）
北京九天众诚印刷有限公司印刷
各地新华书店经售
*
2013 年 1 月第一版 2013 年 1 月北京第一次印刷
787 毫米×1092 毫米 16 开本 84 印张 1766 千字
全册定价 **232.00** 元

编　写　组

主　　编　李功新

副 主 编　叶继宏　金昌榕　陈大凤　张　荣

编写组组长　林　平

成　　员　（按姓氏笔画排序）

王全兴　王恒山　叶立群　叶色亮　朱　菁

庄　严　庄沪生　刘志平　严有祥　李　春

李　超　李勇明　李积捷　李萌峰　杨文陵

杨志豪　杨建平　杨毓庆　连鸿松　肖颂勇

吴　达　吴志成　吴奇宝　吴辉煌　吴簪麟

邱振敏　沈明松　沈谢林　张绍明　陈　影

陈艺鑫　陈日坤　陈祥舒　陈朝晖　陈德兴
林　衡　林一泓　林志敏　林志强　林轶群
林海渊　欧世尧　欧永连　罗　松　罗　毅
金建宁　郑哲人　郑雄俊　郑黎斐　赵道阳
施　纬　施广宇　洪西卿　钱志立　翁晓锋
涂恩来　黄　亮　黄国敏　董　磊　傅智为
潘晨曦

前 言
preface

为了更好地服务“五大”体系建设，提升生产技能人员良好的“职业化”行为习惯，建立与现场标准化作业生产环境一致的培训课程体系，福建省电力有限公司以现场标准化作业指导书为蓝本，组织开展生产技能标准化作业培训教材的编写工作。为确保教材的编写质量和进度，由总工程师李功新主抓此项工作，多次召集工作协调会，定期听取编写进度汇报；人力资源部负责教材编写的组织工作，运维检修部、科技信通部和调度控制中心负责教材编写的具体工作，福建省电力有限公司和基层单位技术专家组成教材编写与审定小组，公司培训中心负责教材编写框架和编写规范的制订、编写进度跟踪及其他协调工作。

本套教材集中了福建省电力有限公司众多专家学者的智慧，采用了全新的组织架构，突出了基于现场标准化作业的培训特色。本套教材分为配电专业、输变电专业和二次专业三本书，包括 91 项现场标准化作业项目（子分册），具有很强的针对性和实用性。各项目（子分册）分为两部分：第一部分介绍了各项目的工作流程、工作质量标准与控制、危险点分析与预控、管理与记录要求、作业案例等；第二部分罗列了标准化作业指导书等标准化作业文本，并结合第一部分的作业案例说明了标准化文本的填写规范。部分项目（子分册）还在附录部分对设备等内容进行了说明。

其中，配电专业分为架空线路、配电设备、计量装置及其他设备，由福建省电力有限公司运维检修部高级工程师姚亮担任编写组长，福州电业局、厦门电业局、莆田电业局、泉州电业局、漳州电业局、龙岩电业局、三明电业局、南平电业局、宁德电业局、福清电力公司、石狮电力公司、晋江电力公司、南安电力公司、长乐电力公司等单位的专家参与编写工作。输变电专业分为开关类、线圈类和架空线路及电缆，由福建省电力有限公司运维检修部高级工程师林平担任编写组长，福建省电力科学研究院、检修分公司、福州电业局、厦门电业局、莆田电业局、泉州电业局、漳州电业局、龙岩电业局、三明电业局等单位的专家参与编写工作。二次专业分为继电保护、综合自动化、直流系统和电力通信，由福建省电力有限公司调度控制中心高级工程师宋福海、科技信通部高级工程师连纪文担任编写组长，福建省电力科学研究院、检修分公司、信息通信分公司、福州电业局、厦门电业局、莆田电业局、泉州电业局、龙岩电业局、三明电业局、南平电业局等单位的专家参与编写工作。

本册由福建省电力科学研究院施广宇担任编写组长，泉州电业局王恒山、福建省电力科学研究院连鸿松主要编写，泉州电业局杨文陵、福建省电力科学研究院林轶群、潘晨曦等参与编写；福建省电力有限公司运维检修部陈新主审，福建省电力科学研究院涂恩来、福建省电力检修公司吴达、福州电业局吴簪麟、厦门电业局刘志平、莆田电业局罗毅、泉州电业局沈谢林、漳州电业局陈艺鑫、南平电业局杨建平、三明电业局李勇明等参审。

本教材在编写、审定过程中得到了福建省电力有限公司有关单位领导和专家的大力支持和帮助，在此一并感谢。同时，也感谢中国电力出版社的大力支持。

由于编者能力所限及编写时间仓促，难免存在疏漏之处，恳请各位专家和读者提出宝贵意见。

contents

目录

第一部分

标准化作业培训

1　作业描述

根据变压器例行试验标准化作业指导书的内容，介绍变压器例行试验项目标准化作业的工作流程、安全风险与预控、工作质量标准与控制、所需仪器、工具、材料、操作要点、关键步骤的控制、安全注意事项、管理要求等内容。

2　工作流程图

变压器例行试验的工作流程如图 1-1 所示。

3　工作质量标准与控制

3.1　引用文件

GB 1094.1—1996　《电力变压器　第 1 部分　总则》

GB 1094.3—2003　《电力变压器　第 3 部分　绝缘水平、绝缘试验和外绝缘空气间隙》

GB/T 7252—2001　《变压器油中溶解气体分析和判断导则》

Q/GDW 168—2008　《输变电设备状态检修试验规程》

3.2　试验标准

根据 Q/GDW 168—2008《输变电设备状态检修试验规程》，变压器（电抗器）例行试验、套管例行试验中电气试验的项目与标准如表 1-1、表 1-2 所示。

表 1-1　油浸式电力变压器（电抗器）例行试验中电气试验项目与标准

例行试验项目	要　求
绕组电阻	1．差不大于 2%（警示值）。 2．同相初值差不超过±2%（警示值）
套管试验	见表 1-2
铁芯绝缘电阻	≥100MΩ（新投运 1000MΩ）（注意值）
绕组绝缘电阻	1．绝缘电阻无显著下降。 2．吸收比≥1.3 或极化指数≥1.5 或绝缘电阻≥10000MΩ（注意值）
绕组的介质损耗因数（20℃）	1．330kV 及以上：≤0.005（注意值）。 2．220kV 及以下：≤0.008（注意值）
有载分接开关检查（变压器）	在绕组测试前测量切换时间、过渡电阻，电阻值的初值差不超过±10%

表 1-2　高压套管例行试验项目中的电气试验项目与标准

例行试验项目	要　求
绝缘电阻	1．主绝缘：≥10000MΩ（注意值）。 2．末屏对地：≥1000MΩ（注意值）
电容量及介质损耗因数（20℃）（电容型）	1．电容量初值差不超过±5%（警示值）。 2．500kV 油浸纸：≤0.006（注意值）。 3．其他油浸纸：≤0.007（注意值）

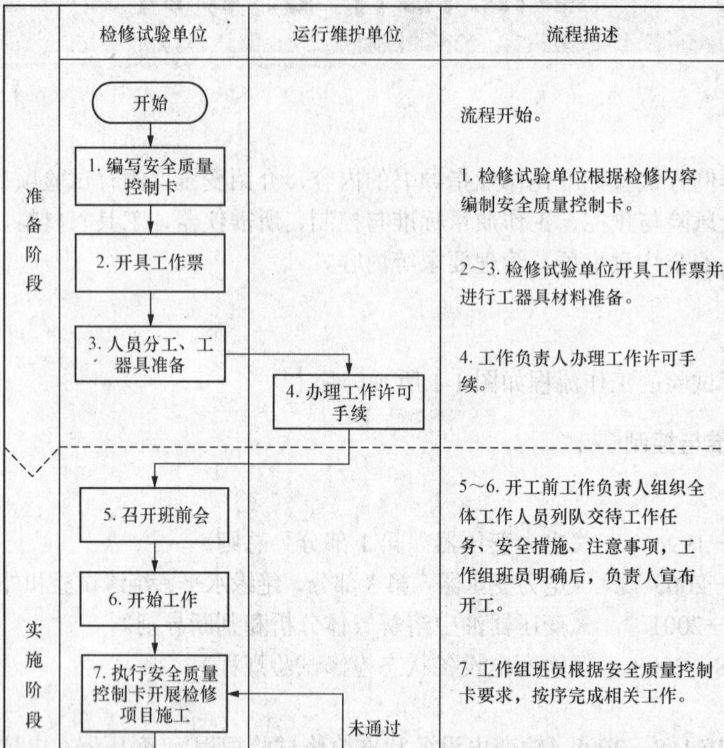

图 1-1　变压器例行试验工作流程图

3.3 环境条件

环境相对湿度不宜大于 80%，环境温度不宜低于 5℃，绝缘表面应清洁、干燥。

3.4 人员要求

（1）必须设置一名工作负责人，该负责人必须是经验丰富、责任心强，经有关安全生产规程制度考试合格，安监部批准可以担任试验工作负责人的人员。

（2）试验负责人必须熟悉被试设备的状态，熟练掌握被试设备的各项试验方法，具有试验结果的分析判断能力。

（3）试验人员需经有关安全生产规程制度考试合格，必须是取得高压试验专业上岗证书，被试设备的各项试验方法能熟练操作。

（4）试验负责人和工作人员必须保持良好的精神状态。

3.5 工器具标准

根据试验任务，选择配置试验仪器、仪表、作业工具、安全用具，如表 1-3 所示。

表 1-3　油浸式电力变压器例行试验仪器仪表配置

序号	名　称	规　格	单位	数量	备　注
1	绝缘电阻表	1000～5000V	套	1	
2	直流电阻测试仪	5～40A	台	1	
3	介质损耗测试仪	10kV	台	1	
4	有载分接开关动作特性测试仪		台	1	
5	开关板		个	1	
6	熔丝、乙烯带、导线、导线夹		盒	1	
7	工具箱		箱	1	
8	安全带		条	3	
9	有防滑的绝缘梯子		架	1	
10	干湿温度计		台	1	
11	计算器		台	1	
12	试验记录本		个	1	
13	线包		个	2	
14	白布		件	2	
15	红马甲		件	1	
16	录音笔		份	1	
17	放电棒		支	1	
18	绝缘手套		副	1	
19	绝缘垫		块	1	
20	安全围网及标示牌		套	1	
21	数字式万用表		只	1	

3.6　试验范围、程序、接线、方法、操作步骤和关键步骤的控制（以双绕组变压器为例）

3.6.1　外观检查

（1）变压器本体油位、有载开关油位和套管油位应正常。

（2）变压器本体及其附件应无油渗漏。

（3）变压器外绝缘如有污秽应清扫。

（4）变压器本体和铁芯应可靠接地。

（5）测温装置的温度指示应合理。

3.6.2　直流电阻测量

3.6.2.1　试验接线

高、低压绕组直流电阻试验接线如图 1-2 和图 1-3 所示。

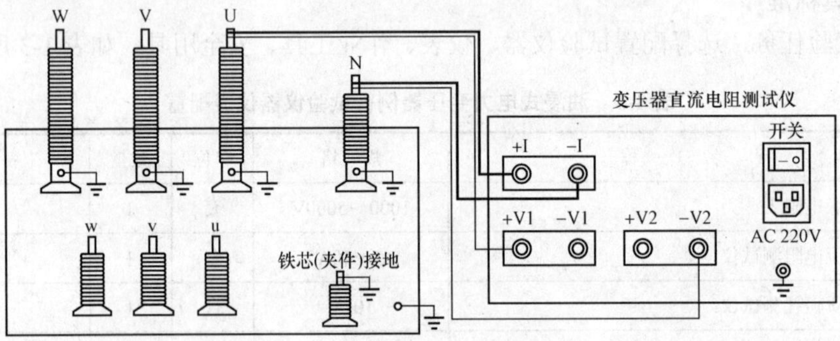

图 1-2　高压绕组直流电阻试验接线图（以 UN 相为例）

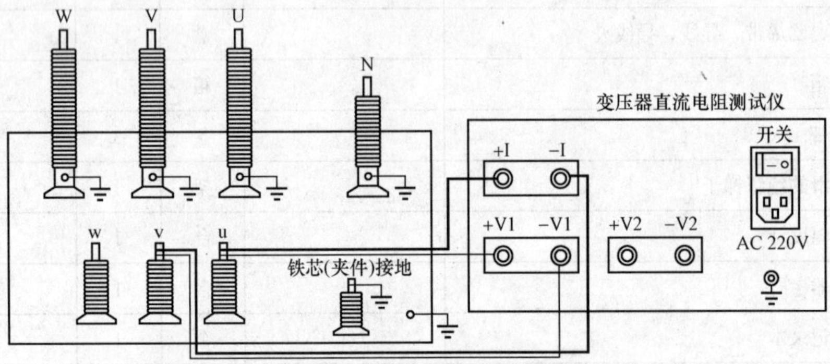

图 1-3　低压绕组直流电阻试验接线图（以 UV 相为例）

3.6.2.2　操作要点

（1）采用分相测量，测量顺序见表 1-4。

表 1-4　分相测量顺序表一

先测量 UN		再测量 VN		最后测量 WN	
红线	黑线	红线	黑线	红线	黑线
U	N	V	N	W	N

（2）测量低压绕组直流电组时，为加速铁芯磁通饱和，缩短充电时间，可通 40A 电流，

为防止反注磁的影响，接线顺序要按表 1-5 进行。

表 1-5　分相测量顺序表二

先测量 uv		再测量 vw		最后测量 wu	
红线	黑线	红线	黑线	红线	黑线
u	v	v	w	w	u

（3）测量时应记录当时顶层油温、绕组温度、天气、环境温度、湿度及使用仪器等。

（4）直流电阻按 $R_2=R_1[(T_K+t_2)/(T_K+t_1)]$换算至同一温度，与前一次测试结果相比应无明显变化。

3.6.2.3　关键步骤的控制

（1）测量结束或重复测量时，必须等待仪器充分放电后方可更改接线，以防残余电荷释放产生的自感电势击伤人员或冲击损坏仪器。

（2）应将升高座内的套管式电流互感器的二次绕组短路接地，以防接通直流试验电流瞬间 TA 过励磁，产生高电压，危急设备、二次回路和人员的安全。

3.6.3　绝缘电阻测量

3.6.3.1　试验接线

绝缘电阻测量试验接线如图 1-4～图 1-7 所示。

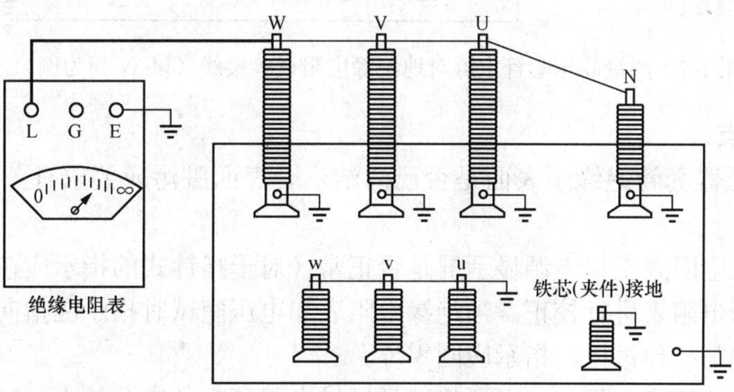

图 1-4　高压绕组对低压绕组及地绝缘电阻试验接线

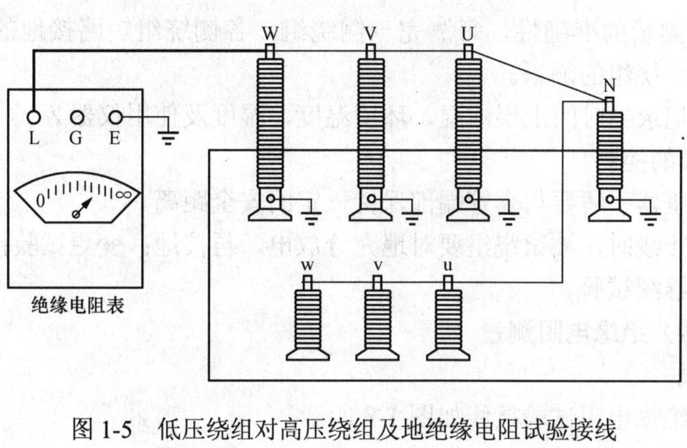

图 1-5　低压绕组对高压绕组及地绝缘电阻试验接线

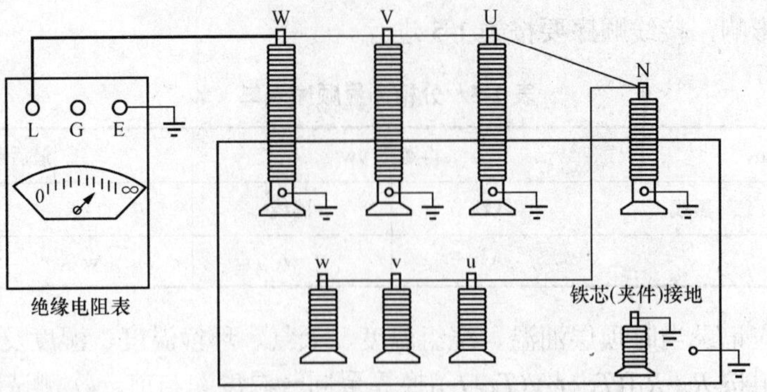

图 1-6　高压绕组及低压绕组对地绝缘电阻试验接线

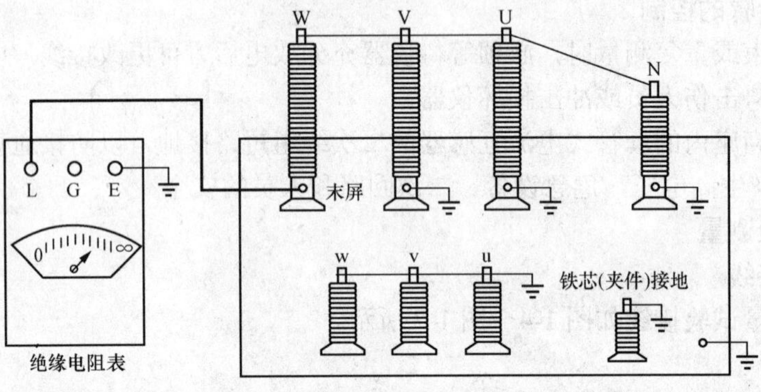

图 1-7　测量高压套管末屏对地绝缘电阻试验接线（以 W 相为例）

3.6.3.2　操作要点

（1）检查变压器套管绝缘子表面是否已清洁，若表面脏污应要求有关工作班人员清扫绝缘子。

（2）检查绝缘电阻表工作电源显示屏是否正常（对于指针式的指示应在有效区域）。

（3）应对绝缘电阻表进行校正。当绝缘电阻表加电压空试时指示应指向无穷大；绝缘电阻表加压下将线端与接地短接，指示应回零位。

（4）测量结束或重复测量时，必须将试品通过电阻杆对地充分放电再接地，以防残余电荷伤人。

（5）为了保证测量的准确性，每测完一侧绕组，各侧绕组短路接地的放电时间不少于1min，方可进行下一绕组的测量。

（6）测量时应记录当时的上层油温、环境温度、湿度及使用仪器等。

3.6.3.3　关键步骤的控制

（1）拆除的变压器引线要与套管端部保持一定的安全距离。

（2）变更试验接线时，被试绕组要对地充分放电，再接地；变更试验接线后，被试端的接地应取下，方可继续试验。

3.6.4　铁芯（夹件）绝缘电阻测量

3.6.4.1　试验接线

测量铁芯对地绝缘电阻试验接线如图 1-8 所示。

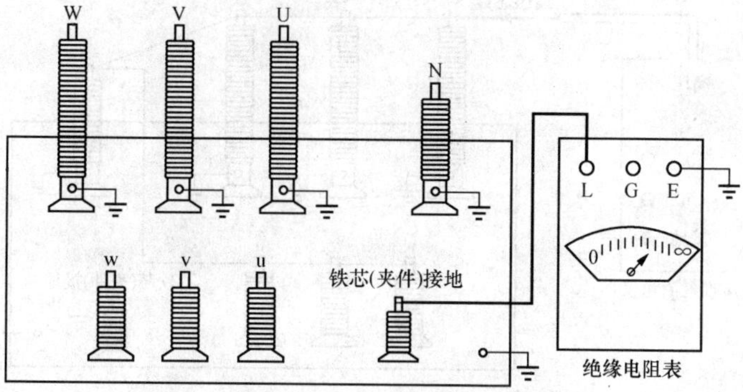

图 1-8　测量铁芯对地绝缘电阻试验接线

3.6.4.2　操作要点

铁芯绝缘电阻可采用 2500V（老旧变压器 1000V）绝缘电阻表。

3.6.4.3　关键步骤的控制

注意保持与带电设备距离，测量完毕应将铁芯对地充分放电。

3.6.5　介质损耗因数测量和电容量

3.6.5.1　试验接线

介质损耗因数试验接线如图 1-9～图 1-12 所示。

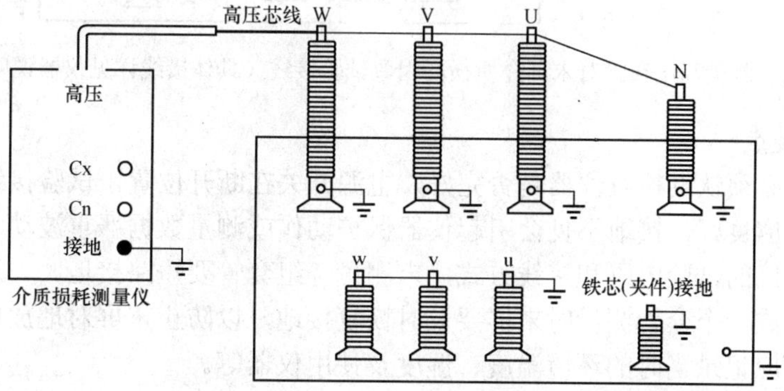

图 1-9　高压绕组对低压绕组及地介质损耗因数试验接线

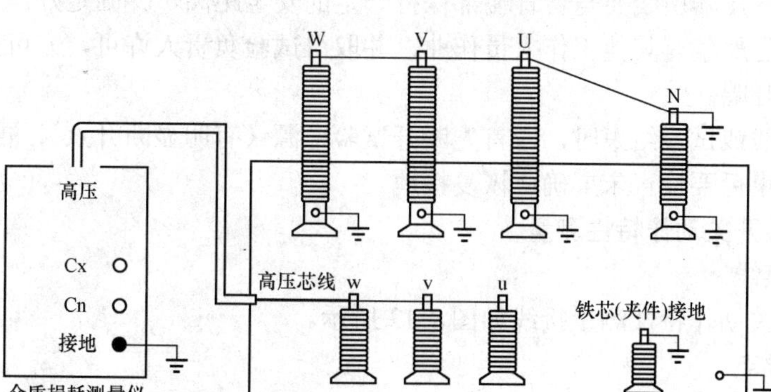

图 1-10　低压绕组对高压绕组及地介质损耗因数试验接线

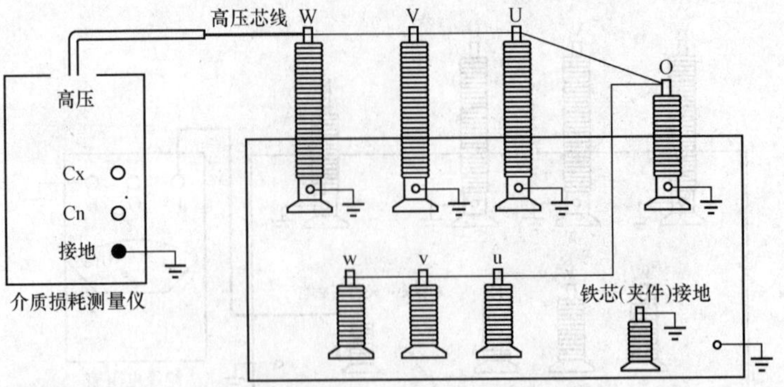

图 1-11　高压绕组及低压绕组对地介质损耗因数试验接线

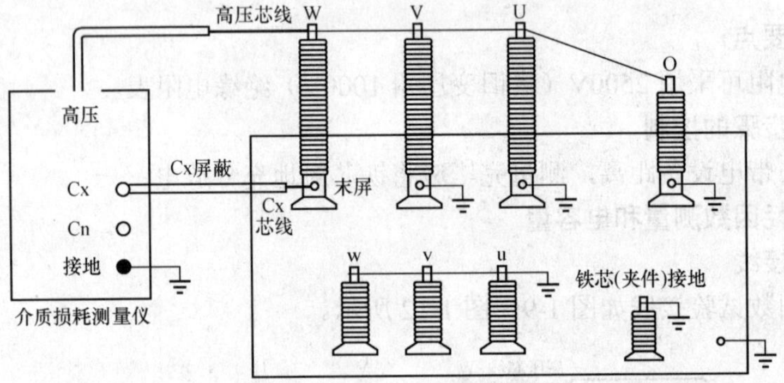

图 1-12　测量高压套管对末屏介质损耗因数试验接线（具体接线详见仪器说明书）

3.6.5.2　操作要点

（1）测量前必须认真检查仪器是否完好，电源开关在断开位置，试验接线正确无误。仪器金属外壳接地应良好，接地不良会引起仪器保护动作或测量数据严重波动。

（2）选择正确的试验电压和接线方式，末测量绕组套管要短路接地。

（3）在每完成一个套管测量时末屏要及时恢复接地，以防止末屏对地放电。

（4）测量时应记录当时的环境温度、湿度及使用仪器等。

3.6.5.3　关键步骤的控制

（1）拆除的变压器引线要与套管端部保持一定的安全距离，并固定好。

（2）变压器上严禁有其他工作人员作业，并取得试验负责人许可，方可加压，加压过程中应有人监护并呼唱。

（3）变更接线或试验结束时，应首先断开试验电源（有明显断开点），再对地放电。

（4）试验结束后要检查末屏确已恢复接地。

3.6.6　有载分接开关动作特性测量

3.6.6.1　试验接线

有载分接开关动作特性测量接线如图 1-13 所示。

3.6.6.2　操作要点

（1）测量前必须认真检查仪器是否完好，电源开关在断开位置，试验接线正确无误。仪器金属外壳接地应良好，接地不良会引起仪器保护动作或测量数据严重波动。

（2）选择正确的接线方式，末测量绕组套管用短接线要短路接地（不允许用熔丝）。

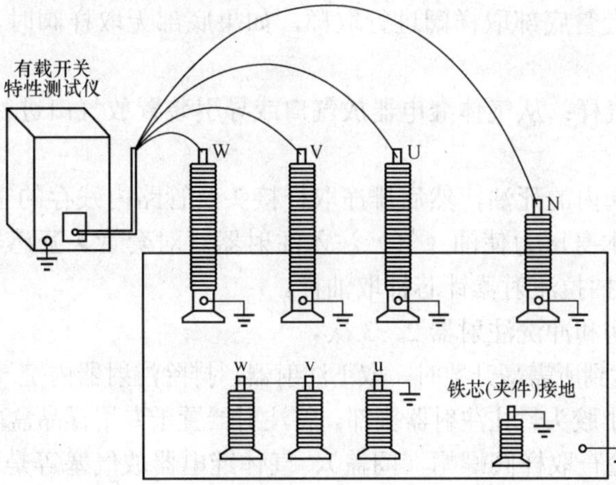

图 1-13　有载分接开关动作特性测量接线

（3）测量时应记录当时的环境温度、湿度及使用仪器等。

3.6.6.3　关键步骤的控制

（1）变更接线或试验结束时，应首先断开试验电源。

（2）试验结束后要将有载分接位置调到运行挡。

3.6.7　绝缘油取样

3.6.7.1　取样容器质量控制

（1）取样瓶：500～1000mL 磨口具塞试剂瓶（适用于常规分析），取样瓶先用洗涤剂进行清洗，再用自来水冲洗，最后用蒸馏水洗净，烘干、冷却后，盖紧瓶塞，粘贴标签待用。

（2）注射器：100mL 玻璃注射器［适用于油中水分含量测定和油中溶解气体（油中总含气量）分析用］。

注射器应气密性好（气密性检查采用 GB/T 17623 规定的方法：用玻璃注射器取可检出氢气含量的油样，储存至少两周，在储存开始和结束时，分析样品中的氢气含量，以检验注射器的气密性。合格的注射器每周允许损失的氢气含量应小于 2.5%）。注射器芯塞应无卡涩，可自由滑动。

取样注射器使用前，应顺序用有机溶剂、自来水、蒸馏水洗净，在 105℃下充分干燥，干燥后，立即用小胶帽盖住头部，粘贴标签待用（最好保存在干燥器中）。

3.6.7.2　常规分析取样

（1）通常从下部阀门（含密封取样阀）处取样。取样前取样阀门应先用干净甲级棉纱或纱布擦净，旋开螺帽，接上取样用耐油软管，再放油将管路冲洗干净，将排出废油用废油桶收集，废油不应直接排至现场。然后用取样瓶取样，取样结束后，旋紧螺帽。

（2）取样量：根据试验项目需要采集样品，以够试验用为限，一般用 500mL 或 1000mL 磨口具塞试剂瓶。

3.6.7.3　油中水分和溶解气体分析取样

（1）取样方法：油样应能代表设备本体油，应避免在油循环不够充分的死角处取样。取样过程要求全密封，取样后要求注射器芯子能自由活动，以避免形成负压空腔。

1）变压器本体：一般从设备底部的放油阀（取样阀）取样，在特殊情况下可在中部或其他部位取样。

2）套管：通常从套管底部取样阀进行取样，如果底部无取样阀时，可考虑从套管上部注油口进行取样。

3）气体继电器取气样：从气体继电器放气口或导引装置放气口进行取样。

（2）取样操作。

1）应先排净取样阀内的死油，然后排净取样接头及管路内残存的空气。

2）利用油（气）本身压力使油（气）注入注射器。对套管、互感器等少油设备，如果无法自然流入，可适当抽拉注射器针芯抽取油样。

3）用油（气）湿润和冲洗注射器 2～3 次。

4）当油（气）样达到所需毫升数时，取下注射器，排除注射器内空气（如果取气样，则不必排空气）后，立即用小胶头封住注射器头部。将注射器置于专用样品盒内，填好样品标签。

5）取样结束后，检查取样阀螺帽（闷盖）、气体继电器放气塞等是否旋紧、应无渗漏油现象。

6）清理现场，确认现场没有遗留物。

（3）取样量。取样量应符合下列要求：

1）进行油中水分含量测定用的油样，可同时用于油中溶解气体分析，不必单独取样。

2）做溶解气体分析时，取样量为 60～80mL。对于套管，建议每次取样量在 20～30mL 为宜。

3）专用于测定油中水分含量的油样，可取 10～20mL。

4 危险点分析与控制措施

4.1 危险点 1：高空坠落

变压器试验拆、接线过程中，造成高空坠落；变压器顶盖工作面湿滑造成坠落。

防范措施

（1）变压器试验拆、接线应使用高空作业车或搭脚手架。

（2）高度超过 1.5m 处作业，应使用安全带。110kV 及以上的主变压器上等高处作业（带电作业除外），必须使用双控安全带。

（3）正确使用安全带（绳），严禁低挂高用或系挂在不牢固的构件上。

（4）穿耐油工作鞋，登高前清理鞋底油污；在霜冻、雨雪后进行高处工作，应采取防滑措施。

4.2 危险点 2：人身触电

试验时，以下情况可能造成触电：

（1）拆接电源导致人员触电。

（2）误入带电间隔。

（3）低压交直流电源倒送造成触电。

（4）现场使用高空作业车操作不规范造成触电。

（5）忽视对特种作业人员（如高空作业车司机）、外协工作人员、临时工的安全交底及监护，造成触电。

（6）因试验需要，临时改变安全措施导致人员触电。

防范措施

（1）拆接电源应两人进行，一人监护一人操作，防止人身触电事故。

（2）进入现场时，先将工作现场设备双重编号与工作票上工作内容设备安全编号核对无误，并检查安全措施完善，防止作业人员误入带电间隔或与带电设备距离不足的触电伤害。

（3）断开冷却系统的电源，并在刀闸或空开操作把手上挂“禁止合闸，有人工作”标示牌；取下熔断器，确认无电压后，方可开始工作。

（4）现场使用高空作业车应设专人指挥、专人监护；高空作业车分臂、伸臂、转向时应与母线、变电站内设备保持足够的安全距离；带电设备区域内使用高空作业车时，车身应使用不小于 $16mm^2$ 的软铜线可靠接地。

（5）工作负责人应认真对特种作业人员、外协工作人员、临时工认真进行安全交底、危险点告知和安全知识教育；外协工作人员、临时工确认被告知内容后应履行交底签名手续，方可参加工作。

（6）变压器试验应设专人监护，所有工作人员从变压器上离开，方可加压试验，试验中防止他人爬上变压器的触电伤害。

（7）试验时需断开保安接地的接地刀闸或接地线，须经运行值班负责人同意，试验后应及时恢复，并告知运行值班负责人，防止未恢复安全措施发生人员伤害。

4.3 危险点 3：试验操作不当导致人员伤害和仪器损坏

防范措施

（1）变压器加压试验应装设围栏，试验过程中应有专人监护，防止非试验人员误入试验区内导致触电。

（2）试验过程应注意呼唱，未经工作负责人允许不可加压，加压过程中应有专人监护。

（3）试验器具的金属外壳应可靠接地，试验仪器与设备的接线应牢固可靠，加压试验操作人员要站在绝缘垫上，防止接地或试验引线掉线导致试验人员触电伤害和仪器损坏。

（4）拆除的变压器引线要与套管端部保持一定的安全距离，固定牢靠，防止加压试验时带电部位对拆除的引线放电造成仪器损坏和人身伤害。

（5）高压引线应尽量缩短，接线牢固，与周围设备保持足够的安全距离。

（6）进行绝缘电阻测量和直流电阻试验要对被试变压器绕组地充分放电，防止残余电荷击伤人员或损坏仪器。

（7）变更接线或试验结束时，应首先断开试验电源（有明显的断开点），再对地放电。

（8）做有载分接开关操作试验时，人员不得靠近传动轴。

5 管理与记录要求

（1）召开班前会和班后会。

（2）工作前编制作业指导书。

（3）开具工作票并办理相关工作手续。

（4）完善设备资料并整理归档。

6 作业案例

6.1 变压器例行试验案例

6.1.1 作业前准备

作业前的准备工作详见1-6。

表1-6 作业前准备

序号	工序内容	质量控制标准
1		作业负责人向工作人员交待工作地点、工作任务、安全措施和注意事项
2		试验现场应装设遮拦或围栏，向外悬挂“止步，高压危险！”的标示牌
3		测试仪器就位后合理布置，高空作业人员系好安全带

6.1.2 作业中控制

作业中控制要求见表1-7。

表1-7 作业中控制

序号	工序内容	质量控制标准
1		拆接电源要两人进行，一人监护一人操作

表（续）

序号	工 序 内 容	质量控制标准
2		工作人员登上到变压器，应先使用电阻杆对绕组端部对地放电
3		在变压器上工作要用双控安全带，爬套管时安全带不可低挂高用，要固定牢靠
4		检查设备外绝缘状态，如有污秽要擦拭
5	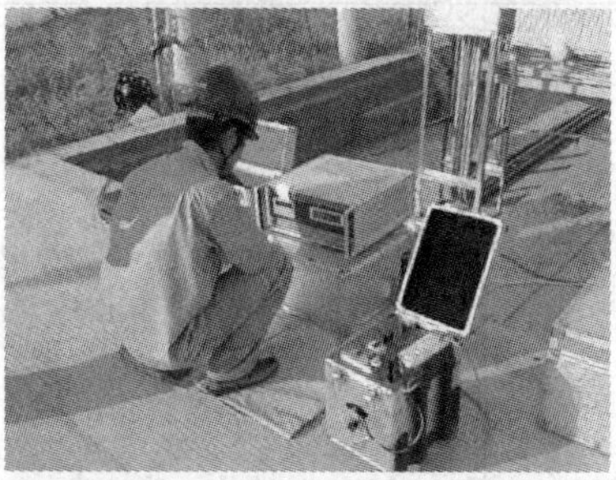	测量低压绕组直流电组时，为加速铁芯磁通饱和，缩短充电时间，可通 40A 电流，为防止反注磁的影响，接线要按顺磁的顺序变更接线
6	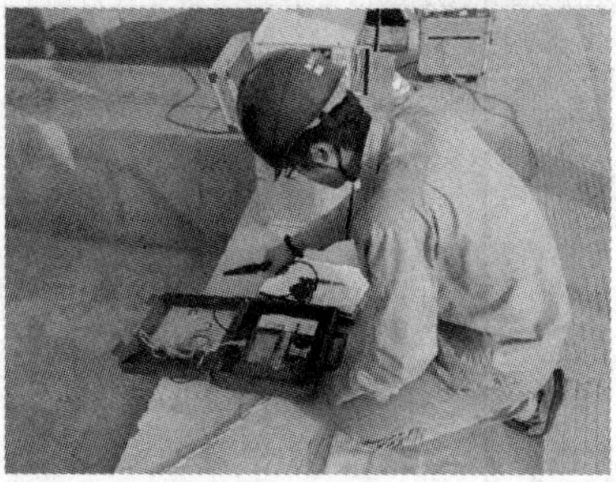	检查绝缘电阻表工作电源显示屏是否正常（对于指针式的指示应在有效区域），应对绝缘电阻表进行校正，当绝缘电阻表加电压空试时指示应指向无穷大，绝缘电阻表加压下将线端与接地短接，指示应回零位

表（续）

序号	工 序 内 容	质量控制标准
7		介质损测量加压之前，测试仪器应进行接线方式、试验电压和过流保护值设定
8	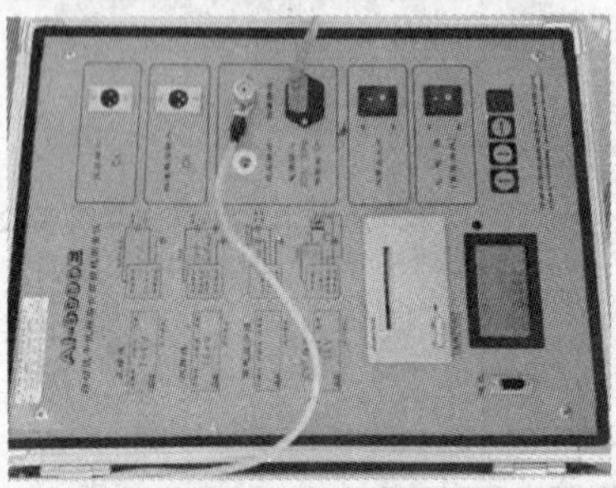	各类试验仪器的金属外壳应可靠接地，试验仪器与设备的接线应牢固可靠，防止接地或试验引线掉线导致试验人员触电伤害和仪器损坏
9		加压试验前，仪器引线如不是高压绝缘引线，要用绝缘绳索或乙烯带固定牢靠
10		加压试验时，试验操作人员应站在绝缘垫上
11	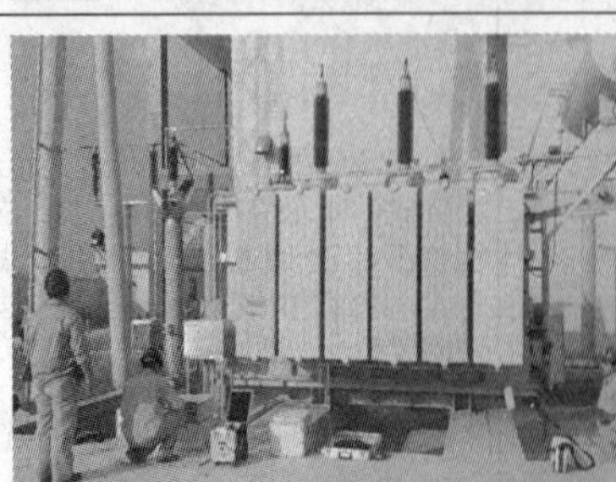	试验过程中应有专人监护，工作人员要相互关心施工安全，随时制止误操作、外人进入及异常现象发生

表（续）

序号	工 序 内 容	质量控制标准
12	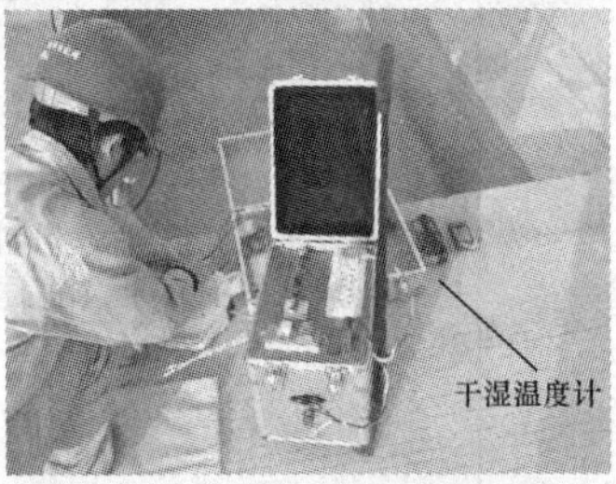	试验电源应使用有明显断开点的双极刀闸，并有可靠的过载保护装置，每次加压试验结束时，应首先断开试验电源刀闸，再拔出电源插头； 测量时应记录当时的上层油温、环境温度、湿度及使用仪器等
13		每次加压试验结束时，变更试验接线前，应确认试验电源已断开，用电阻杆将被试绕组的高压端放电、短路接地
14		变更试验接线后，被试端的接地应取下，变压器上操作人员离开变压器，方可继续试验
15		高压套管介质损耗试验，试前应解开末屏接地，试验接线要牢靠，在每完成一个套管测量时末屏要及时恢复接地，以防止末屏对地放电

6.1.3 作业后清理

作业后的清理工作见表 1-8。

表 1-8 作 业 后 清 理

序号	工 序 内 容	质量控制标准
1		试验结束后，试验人员应拆除试验接线、短接线和接地线，应对被试设备进行检查和清理现场，特别注意设备上有无遗留工器具

表（续）

序号	工 序 内 容	质量控制标准
2		将被试设备的一、二次接线恢复正常；拆除试验临时电源接线；拆除试验临时增设的遮栏或围栏；检查被试设备上有无遗留工器具和试验用导地线；并清理地面上遗留物件
3		试验结束后，清点工具，清理试验现场，将被试设备恢复到许可工作前状态

6.1.4 作业后小结

作业后小结内容见表 1-9。

表 1-9 作 业 后 小 结

序号	工 序 内 容	质量控制标准
1		试验工作负责人检查现场，确认恢复与试验前保持一致，检查试验记录，确认数据的完整性、准确性，对试验结果合格与否作出判断，试验工作负责人和工作人员分别在试验记录上签名； 试验工作负责人检查安全质量控制卡记录，确认作业各环节记录是否完整、正确，试验工作负责人和工作人员分别在安全质量控制卡上签名
2		工作负责人进行工作总结，作业后小结主要包括： （1）召开班后会。 （2）上传检修报告和录音。 （3）工作票、作业卡归档

6.2 主变压器套管取油样案例

配合 220kV××变压器例行检修，进行主变压器套管取油样作业。

6.2.1 作业前准备

（1）工作负责人根据作业内容编制安全质量控制卡。

（2）工作负责人在生产管理系统开具电气第一种工作票并办理相关许可手续。

（3）注射器应贴上标签，填写好标签内容。标签的内容有单位、设备名称、运行编号、型号、取样人、取样日期、取样部位、取样天气等。

（4）确定套管型号以及取样位置。不同型号套管的取样位置如图 1-14 所示。

（a）　　（b）　　（c）

图 1-14　不同型号套管的取样位置

（a）套管底部放油阀；（b）套管顶部注油阀；（c）套管侧面注油阀

（5）选取对应的取油工具，不同型号套管的取油样工具如图 1-15 所示。COT 套管配置的专用取油阀工具内部结构如图 1-16 所示。

（6）整理所需工器具及材料。注意核对密封圈尺寸，备好与阀门闷盖对应尺寸的密封圈。

（7）到达现场后，经工作许可后开始工作。

6.2.2　作业中控制

由于不同型号套管，取样位置不一样，因此，操作工序和取油工具也有所不同。

（1）COT 套管底部取样阀取样，见表 1-10。

（a）　　（b）　　（c）

图 1-15　不同型号套管的取样工具

（a）专用取油阀工具；（b）抽油软管（套管顶部取油）；（c）抽油软管（套管侧面取油）

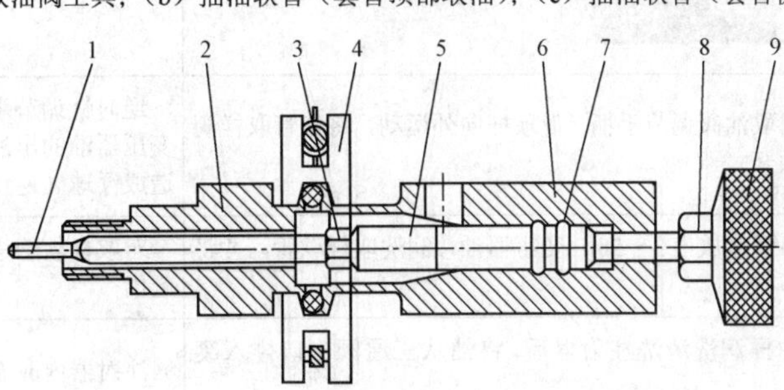

图 1-16　COT 套管配置的专用取油阀工具图

1—顶杆；2—抽油接头；3—螺母；4—夹紧型真空快脚法兰；5—调节杆；6—阀体；7—O 型橡胶密封圈；8—小六角扁螺母；9—调节手柄

表 1-10　COT 套管底部取样工序及质量控制标准

序号	工 序 内 容	质量控制标准
1	使用 M8 内六角螺栓扳手，旋开 COT 套管取样阀闷盖 	在旋开取样口闷盖的过程中，要注意油是否有渗出，如渗出的油较多，怀疑浮球（逆止阀）失灵时，应立即停止取样并恢复。旋下闷盖后，检查闷盖上的密封圈的破损情况
2	顺时针调节专用取油阀手柄，将顶杆往里旋至最短位置 	如果底部取样阀离底座太近时，应使用图 1-15（a）所示的专用取油阀工具
3	将专用取油阀与套管底部取样阀相连接 	连接面应紧密，不渗油
4	将软管一端与专用取油阀连接，另一端与三通阀连接，三通阀再与取样注射器连接 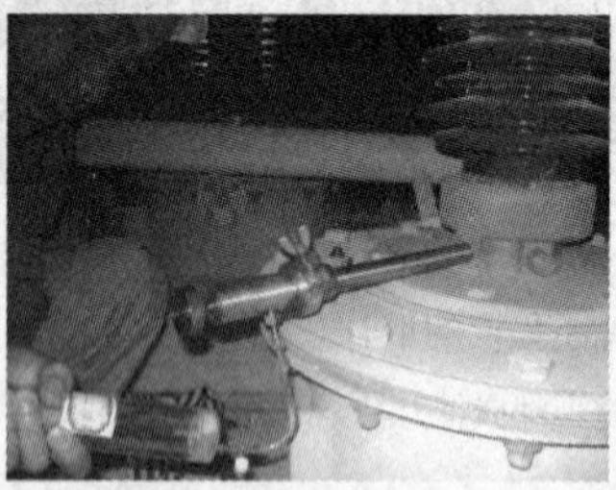	软管应保持清洁，连接处应密封良好
5	缓慢调节专用取油阀调节手柄，使顶杆向外运动，将套管取样阀内部的逆止阀顶开	逆时针调节手柄，动作必须缓慢，观察变压器油的出油速度，防止顶针顶的过深，造成浮球（逆止阀）失灵
6	从三通阀出口缓慢放出 3～5mL 变压器油，润洗取样软管，并将废油排入废油杯	对取样软管进行清洁，并将滞留的空气赶出
7	用 1～5mL 油样润洗清洗注射器后，将油从三通阀出口排入废油杯	注射器内应无气泡
8	将三通阀切换到注射器方向，调节三通阀，让变压器油缓慢从专用取油阀通过三通阀流向注射器	动作应缓慢，避免喷油

表（续）

序号	工 序 内 容	质量控制标准
9	当油样达到所需毫升数时，关闭三通阀，取下注射器，排出注射器内空气后，立即用小胶头封住注射器头部	注射器内应无气泡
10	将注射器置于专用油样盒内 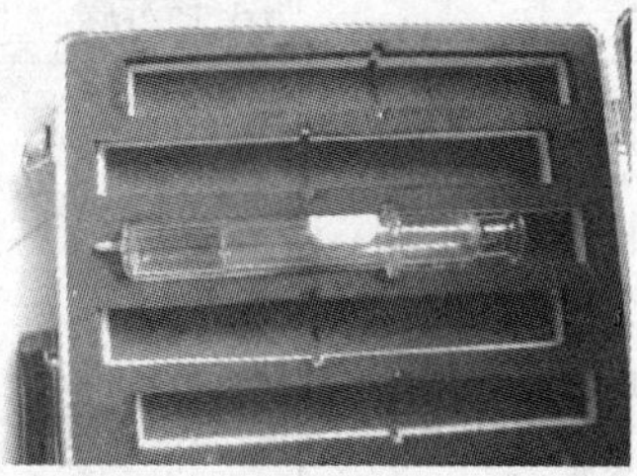	核对注射器标签上的设备名称与现场所取设备名称一致
11	顺时针缓慢调节专用取油阀调节手柄，使顶杆向内运动，套管取样阀内部的逆止阀恢复至正常位置后，拆下专用取油阀	观察渗油情况，确保逆止阀回复到位
12	用布清洁取样阀，更换闷盖密封圈 	检查密封圈放置位置是否对中，更换后的新密封圈应平整嵌入槽内，密封圈表面不应出现起伏现象
13	使用力矩扳手旋上闷盖 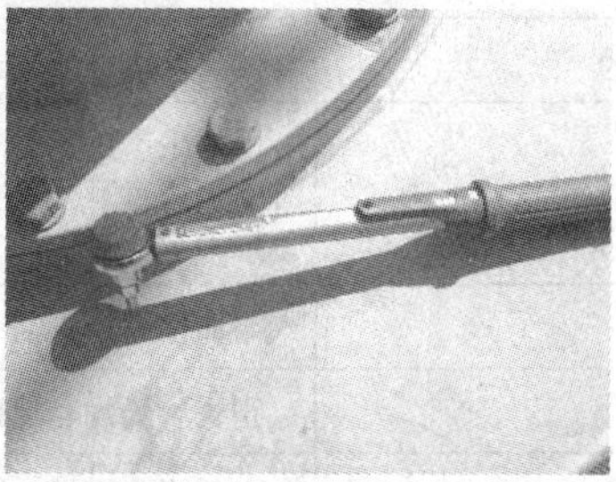	根据生产厂家规定的力矩，使用力矩扳手对闷头进行紧固，注意压紧力不宜过大，避免密封圈拉毛及运行后应力老化。观察密封面，应无渗油现象
14	检查套管油位位置，并做好记录	如油位偏低，需补充相应油量
15	在闷盖四周涂覆密封胶 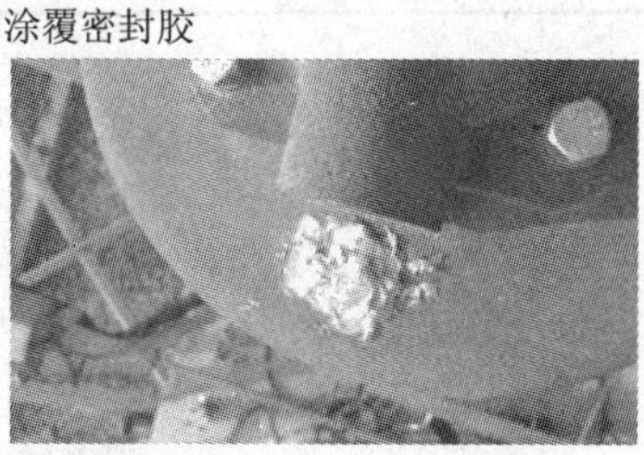	密封胶耐水、耐热性能应良好
16	清理现场	确认现场没有遗留物
17	将油样置于专用容器箱中	避免剧烈震动，防止容器破碎
18	办理工作票终结	

（2）套管顶部和侧面注油口位置取样，见表 1-11。

表 1-11　套管顶部及侧面取样工序及质量控制标准

序号	工 序 内 容	质量控制标准
1	使用 M8 内六角扳手，旋开注油口闷盖	注意检查密封圈老化和破损情况，并清理密封面污质
2	将软管一端与注射器连接，手握注射器连接管，将软管另一端伸入套管储油柜中 	注射器和软管应清洁干燥，注意防止软管脱落掉入套管储油柜内部
3	抽取少量油样，润洗注射器	排净注射器和取样软管中滞留空气
4	抽拉注射器芯子，缓慢从储油柜中抽取 20～30mL 油样	抽取过程必须缓慢，控制油流速度，防止针筒中气泡过多
5	取到所需油量后，将注射器和取样软管取下	软管内的残留油可回流至储油柜内
6	将软管从注射器头部脱掉，然后缓慢轻推注射器芯子，将注射器内气泡赶出后，立即用小胶头封住注射器头部	避免外界空气进入注射器
7	将注射器置于专用油样盒内	核对注射器标签上的设备名称与现场所取设备名称一致
8	用布清洁注油口密封面污质，更换闷盖密封圈	检查密封圈放置位置是否对中
9	使用力矩扳手旋上闷盖	根据生产厂家要求的力矩，使用力矩扳手对闷盖进行紧固，注意压紧力不宜过大，避免拉毛及运行后应力老化
10	检查套管油位位置，并做好记录	如油位偏低，需补充相应油量
11	清理现场	确认现场没有遗留物
12	将油样置于专用容器箱中	避免剧烈震动，防止容器破碎
13	办理工作票终结	

6.2.3　作业后小结

（1）召开班后会。

（2）上传录音。

（3）工作票、作业卡归档。

6.3　主变压器气体继电器取气样

配合 220kV××变压器气体继电器轻瓦斯动作原因查找，进行主变压器瓦斯气体取气作业。

6.3.1　作业前准备

（1）工作负责人根据作业内容编制安全质量控制卡。

（2）工作负责人在生产管理系统开具电气第二种工作票并办理相关许可手续。

（3）注射器贴上标签，填写好标签内容。标签的内容应有单位、设备名称、运行编号、型号、取样人、取样日期、取样部位、取样天气、运行异常情况等。

（4）整理所需工器具及材料。

（5）到达现场后，经工作许可后开始工作。

6.3.2 作业中控制

（1）拆除主变压器气体继电器防雨罩，从观察窗处检查气体继电器内部是否有积气。

（2）注射器用本体油浸湿后，检查其密封性及芯子与器身滑动情况。

（3）气体继电器取气作业的具体工序及质量控制标准如表 1-12 所示。

表 1-12　气体继电器工序及质量控制

序号	工　序　内　容	质量控制标准
1	用扳手旋开气体继电器外罩 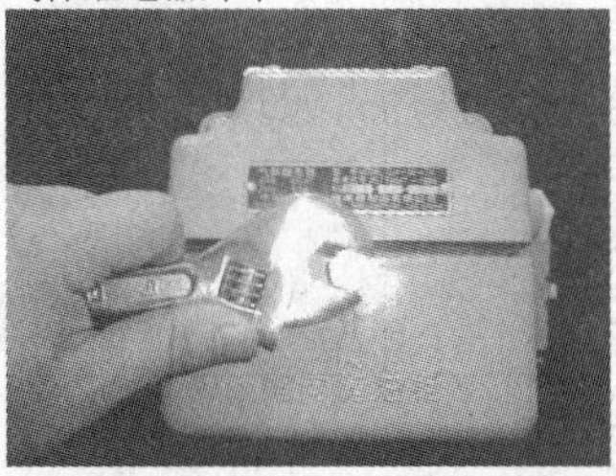	
2	用手取下继电器放气塞堵头 	
3	将软管套在气体继电器的放气嘴上 	连接应牢固
4	将软管的另一头接到医用三通阀，将注射器与医用三通阀连接 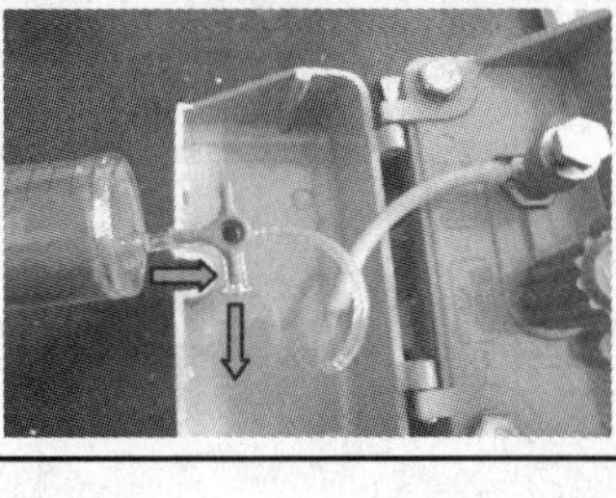	应先将三通阀的放气塞密封

表（续）

序号	工 序 内 容	质量控制标准
5	打开气体继电器放气塞 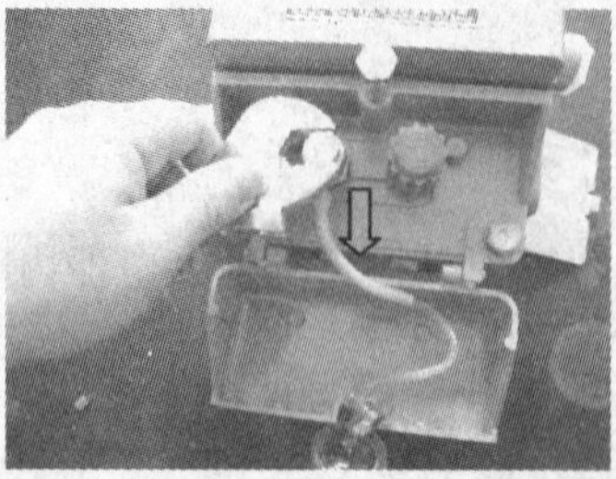	由于气体阻力很小，注意阀门开启动作要缓慢，阀门开度要小，避免气体大量冲出
6	转动三通阀的方向，用气体继电器内的少量气体冲洗连接管路及注射器 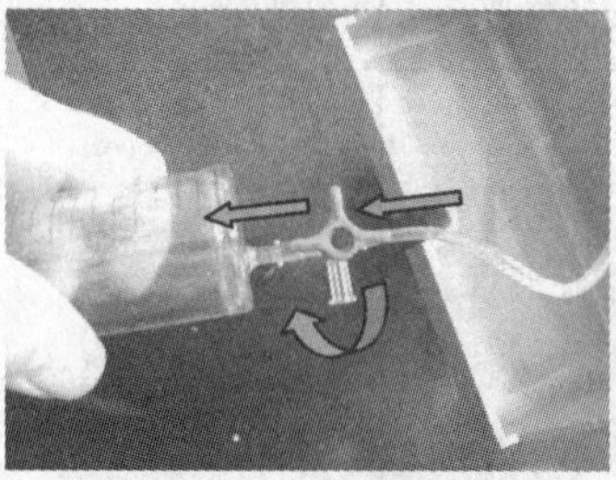	注意三通阀的旋转方向和位置，避免气体从出气口跑掉
7	转动三通阀将冲洗连接管路，将注射器后的气体排出 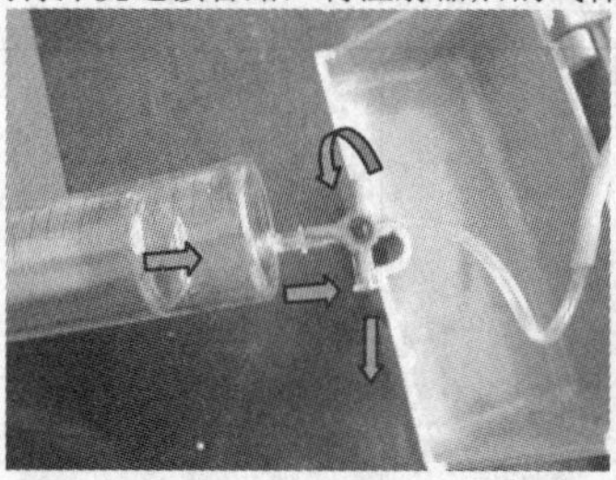	注意三通阀旋转方向，不要搞错
8	再转动三通阀取气样，一般取 60～80mL 气样即可 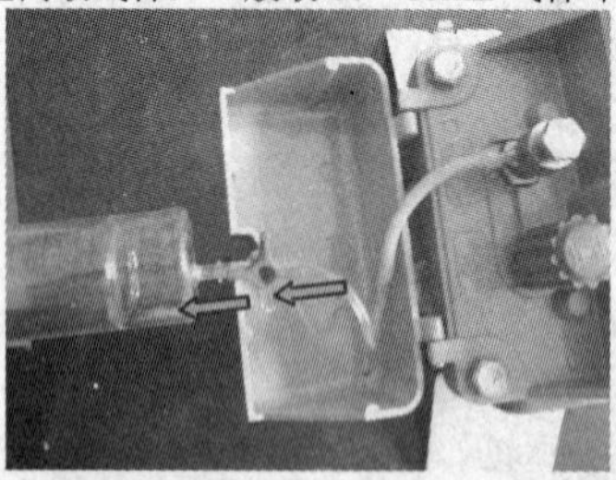	取气过多注射器容易泄漏，取气样时还应注意不要让油进入注射器
9	取好样后，转动三通阀的方向使之封住注射器口，将气体继电器内剩余积气排出，待三通阀下端出口出油后关闭放气塞 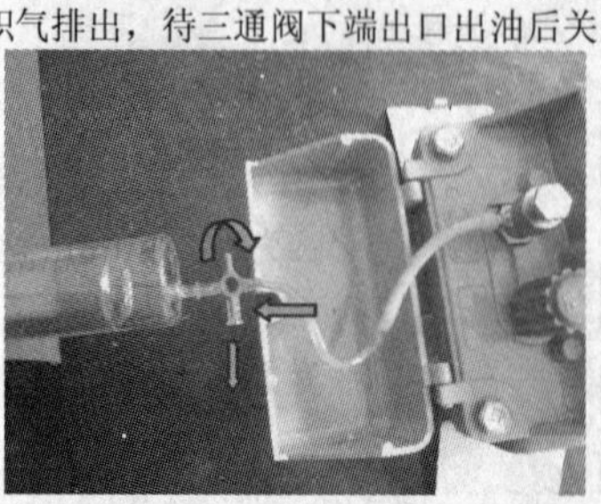	注意三通阀旋转方向，不要搞错

表（续）

序号	工 序 内 容	质量控制标准
10	把注射器连同三通阀和塑胶软管一起取下来，关紧放气塞 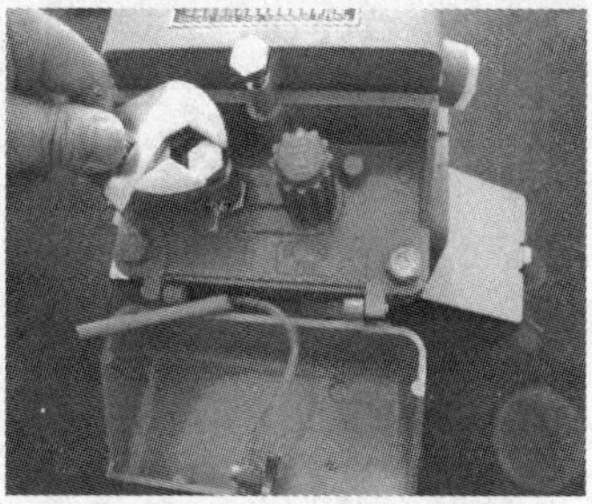	
11	取下三通阀，立即改用小胶帽封住注射器针口 	尽可能排尽小胶帽内的空气
12	取好气样的注射器放置在专用的样品盒内	注射器应粘贴标签，并填写设备名称和运行编号等相关内容
13	旋回气体继电器放气塞堵头，紧固外罩螺丝，装复主变气体继电器防雨罩	检查有无渗漏油
14	清理现场	确认现场没有遗留物
15	将油样置于专用容器箱中	避免剧烈震动，防止容器破碎
16	办理工作票终结	

6.3.3 作业后小结

（1）召开班后会。

（2）上传录音。

（3）工作票、安全质量控制卡归档。

6.4 主变压器本体取油样

配合 220kV××变压器例行试验，进行主变压器本体取油样。

6.4.1 作业前准备

（1）工作负责人根据作业内容编制安全质量控制卡。

（2）工作负责人在生产管理系统开具电气第二种工作票并办理相关许可手续。

（3）注射器或取样瓶贴上标签，填写好标签内容。标签的内容应有：单位、设备名称、运行编号、型号、取样人、取样日期、取样部位、取样天气、运行负荷等。

（4）整理所需工器具及材料。

（5）到达现场后，经工作许可后开始工作。

6.4.2 作业中控制

主变压器本体取油样工序及质量控制标准见表 1-13。

表 1-13　主变压器本体取油样工序及质量控制标准

序号	工 序 内 容	质量控制标准
1	在变压器底部及中部选择取样位置 	通常从下部阀门处取样，特殊情况下可以从变压器中部、上部等位置取样
2	取油软管一头连接取样阀，另一头连接三通阀；然后打开取样阀，对取样阀、管路进行冲洗，排净死油及空气 	应用小油桶接油，勿使油洒落地面
3	在三通阀上接上注射器，用油湿润和冲洗注射器 2～3 次 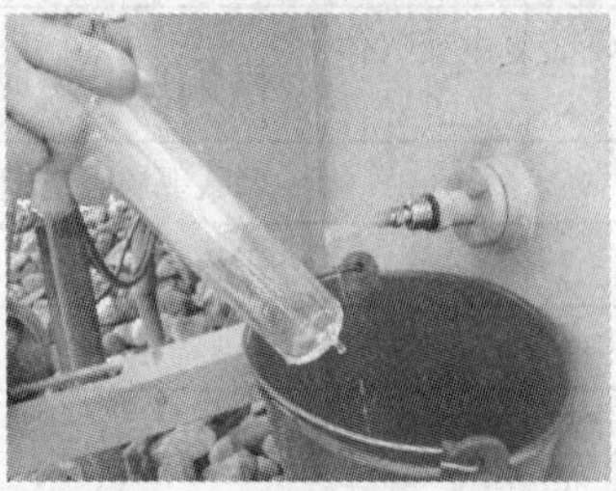	
4	旋转三通阀，利用油本身压力使油注入注射器 	注意控制油流速度
5	当油样达到所需毫升数时，取下注射器 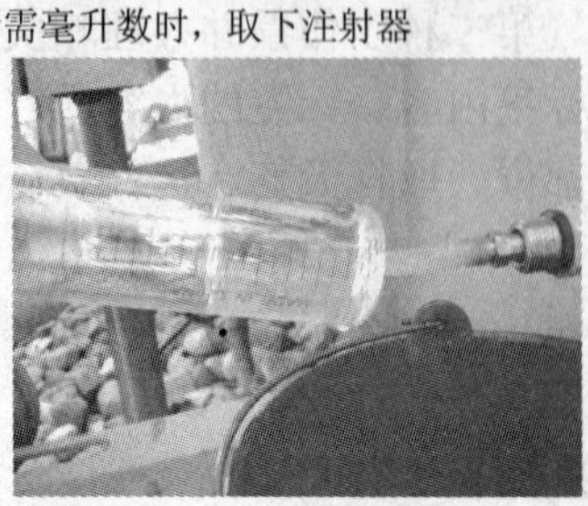	注射器内不能有气泡

表（续）

序号	工　序　内　容	质量控制标准
6	排除注射器内空气，立即用小胶头封住注射器头部	注射器内不能有气泡
7	将油样置于装样箱中，有色谱装样箱和取样瓶装样箱 2 种  色谱装样箱  取样瓶装样箱	油样应置于专用装样箱中，避免剧烈震动，防止容器破碎
8	将变压器取样阀门关紧 	检查有无渗漏油
9	用布将取样阀擦拭干净 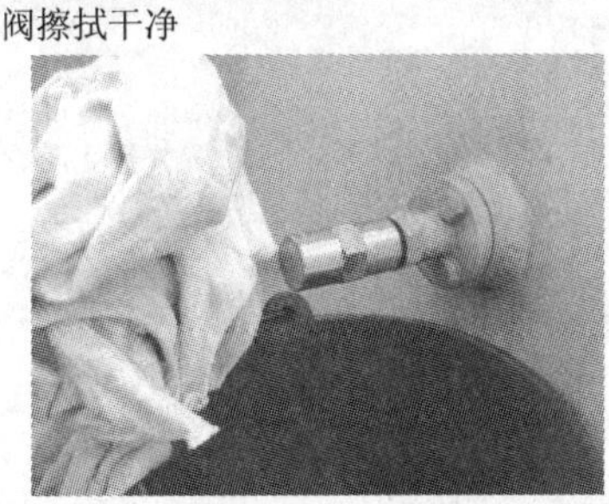	检查有无渗漏油。对老化或损坏的密封圈进行更换，防止渗漏油
10	清理现场	确认现场没有遗留物
11	办理工作票终结	

6.4.3 作业后小结

（1）召开班后会。

（2）上传录音。

（3）工作票、安全质量控制卡归档。

思考与练习

1．电力变压器例行试验有哪些项目？

2．变压器上工作，为防止高空坠落，应采取哪些预控措施？

3．试验之前变压器外观检查有哪些内容？

4．变压器例行试验应具备哪些环境条件？

5．每次加压试验结束时，变更试验接线前，为防止触电，有哪些预控措施？

6．变压器例行试验任务下达后，应了解被试设备的哪些情况？

7．对变压器试验人员有哪些要求？

8．变压器例行试验结束后，后续要做好哪些工作？

9．变压器例行试验办理工作票终结之后，还有哪些后续工作要做？

10．变压器套管取油样的主要工序及注意事项是什么？

第二部分 标准化作业文本

1 油浸式电力变压器例行试验标准化作业指导书

××变电站110kV×号油浸式电力变压器

例行试验作业指导书

编制：__________ __________年______月____日

审核：__________ __________年______月____日

批准：__________ __________年______月____日

工作负责人：

作业日期：　　年　　月　　日　　时至　　年　　月　　日　　时

××××公司

1 范围

本作业指导书适用于110kV双绕组变压器现场例行试验。

2 引用文件

GB 1094.1—1996　《电力变压器　第1部分　总则》
GB 1094.3—2003　《电力变压器　第3部分　绝缘水平、绝缘试验和外绝缘空气间隙》
GB/T 7252—2001　《变压器油中溶解气体分析和判断导则》
Q/GDW 168—2008　《输变电设备状态检修试验规程》

3 试验前准备工作安排

3.1 下达任务

变压器试验任务是根据设备状态评价、检修策略、状态检修计划和年（月）度综合检修计划来执行，变压器例行试验任务下达后，现场试验前一个星期内，应全面了解变压器的运行状态，有如下几个方面：

（1）了解设备定期和动态评价的状态及其检修策略。

（2）了解近期运行巡视情况。

（3）了解试验周期内设备故障情况。

（4）了解缺陷与消缺情况。

（5）了解红外检测情况。

（6）了解在线监测（带电测试）情况。

（7）了解历年电气试验和油中溶解气试验情况。

（8）根据变压器运行状态来确定是否增加诊断性试验项目。

如变压器处于正常状态，依据Q/GDW 168—2008《输变电设备状态检修试验规程》中的变压器例行试验项目进行，其中高压试验项目有绕组电阻、套管试验、铁芯绝缘电阻、绕组绝缘电阻、绕组的介质损耗因数（20℃）、有载分接开关检查。

3.2 准备工作安排

√	序号	内　　容	标　　准	责任人	备注
	1	根据试验性质，确定试验项目，组织作业人员学习作业指导书，使全体作业人员熟悉作业内容、作业标准和安全注意事项	不缺项、漏项		
	2	检查仪器、仪表、工具及试验所需用品	应满足试验项目作业项目的需要		
	3	准备试验用仪器仪表，所用仪器仪表良好，有校验要求的仪表应在校验周期内	仪器良好		
	4	检查安全工器具是否齐全	应满足现场安全作业的需要		
	5	做好现场安全质量控制卡和试验记录准备工作	记录完整		
	6	根据现场工作时间和工作内容填写工作票	工作票填写正确		

表（续）

√	序号	内　　容	标　　准	责任人	备注
	7	试验工作负责人应巡视安全措施	应满足现场试验作业安全		
	8	将班前会和班后会录音	上传至录音系统，并做好登记		

3.3　人员要求

√	序号	内　　容	责任人	备注
	1	现场作业人员应身体健康、精神状态良好		
	2	具备必要的电气知识和高压试验技能，能正确操作试验设备，了解被试设备有关技术标准要求，能正确分析试验结果		
	3	熟悉现场安全作业要求，并经安规考试合格		

3.4　试验仪器、仪表、作业工具、安全用具的配置

序号	名　　称	型　　号	单位	数量	备注
1	绝缘电阻测试仪	1000～2500～5000（V）	套	1	
2	直流电阻测试仪	5～40（A）	台	1	
3	介质损耗测试仪	10（kV）	台	1	
4	有载分接开关动作特性测试仪		台	1	
5	开关板		个	1	
6	保险丝、乙烯带、导线、导线夹		盒	1	
7	工具箱		箱	1	
8	安全带		条	3	
9	有防滑的绝缘梯子		架	1	
10	干湿温度计		台	1	
11	计算器		台	1	
12	有该变压器的历年记录的试验记录本		个	1	
13	有该变压器油中溶解气体历年试验报告		本	1	
14	线包		个	2	
15	白布		件	2	
16	红马甲		件	1	
17	录音笔		份	1	
18	放电棒		支	1	
19	绝缘手套		副	1	
20	绝缘垫		块	1	

表（续）

序号	名　　称	型　号	单位	数量	备注
21	安全围网及标示牌		套	1	
22	数字式万用表		只	1	

3.5　危险点分析

√	序号	内　　容
	1	作业人员进入作业现场不戴安全帽、不穿绝缘鞋，可能会发生人员伤害事故
	2	作业人员在无人监护情况下进入作业现场可能会走错间隔或与带电设备的安全距离不够
	3	试验现场不设安全围栏，可能会使非试验人员进入试验场地，造成触电
	4	工作现场搬运梯子等长物易发生人身触电事故，架梯不当滑落易造成人身伤害
	5	工作人员精神状态不良，或工作中使用通信设备、MP3 等，精力分散易造成人身伤害
	6	变压器上管道复杂，工作时易绊倒，安全带使用不当易造成人员伤害
	7	加压试验人员未站在绝缘垫上，可能会对试验人员造成伤害
	8	试验时，变压器对引线放电造成设备和人身伤害事故
	9	变更试验接线或加压试验结束时，不对试品充分放电，可能会发生电击
	10	试验设备接地不好，可能会对试验人员造成伤害
	11	登高作业可能会发生高空坠落
	12	加压过程中不实行呼唱制度或执行不规范，易造成人身触电事故
	13	加压时无人监护，可能会造成误加压或非试验人员误入试验场地造成触电
	14	拆接电源时或试验完毕时未断开电源，容易发生人身触电事故
	15	试验完毕没有拆除短接线和清理现场，易造成送电时短路事故

3.6　安全措施

√	序号	内　　容
	1	作业人员进入作业现场必须戴安全帽，穿绝缘鞋
	2	现场试验工作必须严格执行工作票制度、工作许可制度、工作监护制度、工作间断、转移和终结制度
	3	试验现场应装设遮栏或围栏，遮栏或围栏与试验设备高压部分应有足够的安全距离，向外悬挂“止步，高压危险！”的标示牌，并派人看守。设备两端不在同一地点时，另一端还应派人看守
	4	工作现场搬运梯子等长物应两人放倒搬运，架梯应与地面成 60°，并有人扶持
	5	工作人员精神状态不良不准参加试验工作，工作期间严禁使用通信设备（工作需要除外），严禁听 MP3
	6	在变压器上工作要用双控安全带，爬套管时安全带不可低挂高用，要固定牢固
	7	加压试验人员要站在绝缘垫上
	8	拆除的变压器引线要与套管端部保持一定的安全距离，用绝缘绳带固定牢靠
	9	变更试验接线或加压试验结束时，应首先断开试验电源、放电，并将升压设备的高压部分放电、短路接地。对于未安装接地线的大电容被试设备，应先行放电再做试验，高压直流试验时，每告一段落或试验结束时，应将设备对第放电数次并短路接地
	10	非金属外壳的仪器，应与地绝缘；金属外壳的仪器和变压器外壳应接地

表（续）

√	序号	内　　容
	11	登高作业，应正确使用安全带，禁止低挂高用。使用梯子登高时，梯子应安置稳固，禁止把梯子架设在木箱等不稳固的支持物上，并派人扶着，以防梯子下端滑动；使用完梯子，应放倒，注意与带电部分保持安全距离
	12	试验过程应有专人监护并呼唱，当出现异常情况时，应立即停止试验，降低电压，断开电源，被试品进行接地放电后再对其进行检查，查明原因后，方可继续试验
	13	所有工作人员从变压器上离开，同时设专人监护防止他人爬上变压器，有专人监护方可加压试验
	14	拆接电源要两人进行，一人监护一人操作，每次试验完毕应首先应断开电源
	15	试验结束后，试验人员应对被试设备进行检查和清理现场，特别注意检查设备上有无遗留工器具和临时安装的接地线，并将被试设备必须恢复到许可前状态

3.7　试验分工

√	序号	试　验　项　目	作　业　人　员
	1	变压器绕组绝缘电阻测试	
	2	变压器铁芯绝缘电阻测试	
	3	变压器绕组绝缘介质损耗因数测试	
	4	变压器套管绝缘电阻测试	
	5	变压器套管介质损耗及电容量测试	
	6	变压器有载分接开关检查	
	7	变压器绕组直流电阻测试	

4　试验程序

4.1　环境条件

环境相对湿度不宜大于 80%，环境温度不宜低于 5℃，绝缘表面应清洁、干燥。

4.2　开工

√	序号	内　　容	作业人员签字
	1	作业负责人全面检查现场安全措施是否与工作票一致，是否与现场设备相符	
	2	作业负责人向工作人员交待工作地点、工作任务、安全措施和注意事项	

4.3　试验项目和操作标准

√	序号	试验项目	试　验　方　法	安全措施及注意事项	试　验　标　准
	1	变压器绕组绝缘电阻测试	1. 采用 5000V 绝缘电阻表测量。 2. 测量前应将被试绕组充分放电。 3. 套管表面应清洁、干燥。 4. 测量宜在顶层油温低于 50℃时进行，并记录顶层油温。不同温度下的绝缘电阻值按下式换算： $R_2=R_1\times1.5^{(t1-t2)/10}$	1. 接线时应做好防止高空坠落措施和注意保持与带电设备距离。 2. 测量完毕应将被测绕组对地充分放电。 3. 试验过程应有专人监护并呼唱，当出现异常情况时，应立即停止试验，降低电压，断开电源，被试品进行接地放电后再对其进行检查，查明原因后，方可继续试验	1. 绝缘电阻换算至同一温度下，与前一次测试结果相比无显著变化，否则应查明原因。 2. 吸收比≥1.3 或极化指数 ≥ 1.5 或绝缘电阻≥10000MΩ（注意值）

表（续）

√	序号	试验项目	试验方法	安全措施及注意事项	试验标准
	1	变压器绕组绝缘电阻测试	式中：R_1、R_2分别为温度t_1、t_2时的绝缘电阻值。 5．测量时，铁芯、外壳及非测量绕组应接地，测量绕组应短路		
	2	变压器铁芯绝缘电阻测试	1．铁芯绝缘电阻可采用2500V（老旧变压器1000V）绝缘电阻表。 2．夹件引出接地的，应分别测量铁芯对夹件及夹件对地绝缘电阻。 3．除注意绝缘电阻的大小外，还要特别注意绝缘电阻的变化趋势 拆除铁芯和夹件的引线	1．注意保持与带电设备距离。 2．测量完毕应将铁芯对地充分放电。 3．试验过程应有专人监护并呼唱，当出现异常情况时，应立即停止试验，降低电压，断开电源，被试品进行接地放电后再对其进行检查，查明原因后，方可继续试验 恢复铁芯和夹件的引线	铁芯绝缘应与以前测试结果相比无显著差别，一般不小于100MΩ（新投运不小于1000MΩ）
	3	变压器绕组绝缘介质损耗因数测试	1．测量宜在顶层油温低于50℃且高于零度时进行，测量时记录顶层油温和空气相对湿度。 2．非被测绕组及外壳接地，必要时分别测量被测绕组对地、被测绕组对其他绕组的绝缘介质损耗因数。 3．套管表面应清洁、干燥	1．接线时应做好防止高空坠落措施和注意保持与带电设备距离。 2．测量完毕应将被测绕组对地充分放电。 3．试验过程应有专人监护并呼唱，当出现异常情况时，应立即停止试验，降低电压，断开电源，被试品进行接地放电后再对其进行检查，查明原因后，方可继续试验	1．20℃时 $\tan\delta$ 值不大于0.8%。 2．$\tan\delta$ 值与出厂值或历年值比较，应无明显变化，一般不大于30%。 同一变压器各绕组$\tan\delta$应基本一致。 3．尽量在油温低于50℃且高于零度时测量，不同温度下的$\tan\delta$值一般可按下式换算： $\tan\delta_2=\tan\delta_1\times1.3^{(t_2-t_1)/10}$ 式中$\tan\delta_1$、$\tan\delta_2$分别为温度t_1、t_2时的$\tan\delta$值。 4．所测电容值不应有明显变化
	4	变压器套管绝缘电阻测试	1．采用2500V绝缘电阻表测量，测量套管主绝缘电阻和末屏对地绝缘电阻。 2．套管表面应清洁、干燥	1．接线时应做好防止高空坠落措施和注意保持与带电设备距离。 2．测量完毕应将被试设备对地充分放电。 3．试验过程应有专人监护并呼唱，当出现异常情况时，应立即停止试验，降低电压，断开电源，被试品进行接地放电后再对其进行检查，查明原因后，方可继续试验	1．主绝缘的绝缘电阻不应低于10000MΩ。 2．末屏对地的绝缘电阻不应低于1000MΩ
	5	变压器套管介质损耗及电容量测试	1．套管表面应清洁、干燥。 2．测量变压器套管$tg\delta$时，与被试套管相连的所有绕组端子连在一起加压，其余绕组端子均接地，末屏接电桥，正接线测量	1．接线时应做好防止高空坠落措施和注意保持与带电设备距离。 2．测量完毕应将被设备对地充分放电。 3．试验过程应有专人监护并呼唱，当出现异常情况时，应立即停止试验，降低电压，断开电源，被试品进行接地放电后再对其进行检查，查明原因后，方可继续试验。	1．电容型套管的电容量初值差不应超出±5%。 2．20℃时的$\tan\delta$%值不应大于如下规定值： 其他：油浸纸≤0.7% 聚四氟乙烯≤0.5% 树脂浸纸≤0.7% 胶纸绝缘≤1.5%

表（续）

√	序号	试验项目	试 验 方 法	安全措施及注意事项	试 验 标 准
	5	变压器套管介质损耗及电容量测试		4. 试验完毕恢复套管的末屏接地	
			U 相拆除套管末屏接地	U 相恢复套管末屏接地	
			V 相拆除套管末屏接地	V 相恢复套管末屏接地	
			W 相拆除套管末屏接地	W 相恢复套管末屏接地	
			O 相拆除套管末屏接地	O 相恢复套管末屏接地	
	6	变压器有载分接开关检查	使用有载分接开关测试仪测量分接开关过渡电阻和切换程序与时间	1. 接线时应做好防止高空坠落措施和注意保持与带电设备距离。 2. 试验过程应有专人监护并呼唱，防止其他人员误碰分接开关传动机构	1. 过渡电阻与出值比较偏差不大于±10%。 2. 三相同步的偏差、切换时间的数值及正反向切换时间的偏差均与制造厂的技术要求相符
	7	变压器绕组直流电阻测试	1. 试验前应记录顶层油温和环境温度，不同温度下电阻值按下式换算： $R_2=R_1$［$(T+t_2)$／$(T+t_1)$］ 式中：R_1、R_2 分别为在温度 t_1、t_2 时的电阻值：T 为计算用常数，铜导线取 235，铝导线取 225。 2. 有中性点引出线时，应测量各相绕组的电阻；若无中性点引出线，可测量各线端的电阻，然后换算到相绕组。 3. 测量时，铁芯的磁化极性应保持一致	1. 接线时应做好防止高空坠落措施和注意保持与带电设备距离。 2. 测量完毕应将被测绕组对地充分放电。 3. 试验过程应有专人监护并呼唱，当出现异常情况时，应立即停止试验，降低电压，断开电源，被试品进行接地放电后再对其进行检查，查明原因后，方可继续试验	在扣除原始差异之后，同一温度下各相绕组电阻的相互差异应在 2%之内；同一温度下，各相电阻与初值相差不超过±2%

4.4 竣工

√	序号	内 容	责任人签字
	1	拆除试验临时电源接线	
	2	检查被试设备上有无遗留工器具和试验用导地线	
	3	将被试设备的一、二次接线恢复正常	
	4	清点工具，清理试验现场，拆除试验临时安全围栏	
	5	向运行人员报告被试设备试验结果	
	6	办理工作票终结手续	

5 信息记录

试验类型	试验内容	信 息 情 况
红外测温	高压引线连接处	
	本体	
在线监测	实时数据、曲线趋势	
停电情况	历年数据	

6 试验总结

（1）试验工作负责人检查试验记录，确认数据的完整性、准确性，对试验结果合格与否作出判断，试验工作负责人和工作人员分别在试验记录上签名。

（2）试验工作负责人检查安全质量控制卡记录，确认作业各环节记录是否完整、正确，安全质量控制卡上签名。

（3）试验工作负责人检查现场，确认恢复与试验前保持一致。

（4）试验工作负责人并在运行的检修试验记录栏，记录试验结果及遗留问题，并交待有关意见。

（5）安全质量控制卡交给运行人员（工作许可人）签名，填写检修试验记录，办理工作票结束。

（6）试验人员进入生产设备 GPMS 管理填写试验报告，各级在规定的时限内完成审核。

（7）试验人员进入状态检修辅助决策系统进行被试变压器的状态评价，各级在规定的时限内完成评价的流程。

（8）在变电设备生产管理系统录入试验报告。

（9）在状态检修辅助决策系统启动被试变压器修后（例行试验后）状态评价流程。

7 作业指导书执行情况评估

<table>
<tr><td rowspan="4">评估内容</td><td rowspan="2">符合性</td><td>优</td><td></td><td>可操作项</td><td></td></tr>
<tr><td>良</td><td></td><td>不可操作项</td><td></td></tr>
<tr><td rowspan="2">可操作性</td><td>优</td><td></td><td>修改项</td><td></td></tr>
<tr><td>良</td><td></td><td>遗漏项</td><td></td></tr>
<tr><td>存在问题</td><td colspan="5"></td></tr>
<tr><td>改进意见</td><td colspan="5"></td></tr>
</table>

绝缘油取样作业指导书

编写：________ ________ 年 _____月 _____日

审核：________ ________ 年 _____月 _____日

批准：________ ________ 年 _____月 _____日

工作负责人：

作业日期：　　年　　月　　日至　　年　　月　　日

××××公司

1 范围

本作业指导书适用变压器本体和套管的取油、气体继电器的取气作业。

2 引用文件

GB/T 7252—2001 《变压器油中溶解气体分析和判断导则》
GB/T 7597—2007 《电力用油取样方法》
GB/T 14542—2005 《运行变压器油维护管理导则》
DL/T 722—2000 《变压器油中溶解气体分析和判断导则》
DL/T 703—1999 《绝缘油中含气量的气相的色谱测定法》
Q/GDW 168—2008 《输变电设备状态检修试验规程》

3 试验前准备工作安排

3.1 准备工作安排

√	序号	作业内容	标准	责任人	备注
	1	根据试验性质，确定试验项目，组织作业人员学习作业指导书，使全体作业人员熟悉作业内容、作业标准和安全注意事项	不缺项、漏项		
	2	了解被试设备出厂和历史试验数据，分析设备状况	明确设备状况		
	3	根据现场工作时间和工作内容填写工作票	工作票填写正确		
	4	准备好工作所需的工器具、材料和备品备件	应齐全、不遗漏		

3.2 人员要求

√	序号	内容	责任人	备注
	1	现场作业人员应身体健康、精神状态良好		
	2	具备必要的电气知识和油化试验技能，能正确操作试验设备和工器具，了解被试设备有关技术标准要求，能正确分析试验结果		
	3	熟悉现场安全作业要求，并经安规考试合格		

3.3 材料和工器具

√	序号	名称	规格	单位	数量	备注
	1	活动扳手	6"、8"、10"、15"	把	各1	
	2	管钳	15"	把	1	
	3	螺丝刀	大、中、小	套	1	
	4	扭力扳手	10～50N·m	把	1	
	5	内六角螺栓扳手	根据阀门螺栓实际尺寸而定	把	1	

表（续）

√	序号	名　称	规　格	单位	数量	备　注
	6	取样瓶	250、500mL（附带标签）	只	每台1只	适用于油质分析
	7	注射器	100mL（附带标签）	只	每台1只	适用于色谱、微水分析
	8	医用三通阀		个	1	
	9	安全带	双控	条	1	
	10	油桶		只	1	
	11	绝缘梯	根据设备高低而定			对于套管取油，最好使用升高车
	12	小橡皮头		个	若干	
	13	取样耐油软管	30cm	根	若干	
	14	标签纸		张	若干	取样注射器应按设备名称贴上标签
	15	棉纱或纱布		条	若干	
	16	洗手液		瓶	1	
	17	合格的变压器油	符合GB/T 7595—2008《运行中变压器油质量》指标要求	支	若干	装入干燥和密封性能好的玻璃注射器或油壶内，作为备用补充油
	18	乙烯带		卷	1	
	19	密封胶		瓶	1	
	20	密封圈	按密封面实际尺寸而定	个	若干	

3.4　危险点分析与预控措施

√	序号	危险点	预　控　措　施
	1	走错间隔	工作前应认真核对设备名称、编号、工作地点
	2	高处坠落	1．上下的梯子应有人扶持或绑扎牢。 2．穿防滑性能较好的绝缘鞋。 3．正确使用安全带
	3	高空落物伤人	1．正确佩戴安全帽。 2．严禁工作人员站在工作处的垂直下方。 3．高处工作应使用工具袋，工具、器材上下传递应用绳索拴牢传递，严禁抛掷
	4	误踩压力释放阀	1．注意观察油箱顶部情况。 2．禁止踩踏变压器油箱顶部的护线套、压力释放阀等
	5	大量喷油	防止阀门开启过大，油大量喷出

4　作业程序

4.1　开工

√	序号	内　　容	作业人员签字
	1	作业负责人全面检查现场安全措施是否与工作票一致，是否与现场设备相符	
	2	作业负责人向工作人员交待工作地点、工作任务、安全措施和注意事项	

4.2 作业内容和作业标准

√	序号	作业内容	作业标准	安全措施及注意事项
	1. 变压器本体取油			
	1.1	选择取样位置	通常从下部阀门处取样，特殊情况下可以从变压器中部、上部等位置取样	
	1.2	取样容器和管路冲洗	取样前油阀门应先用干净纱布擦净，然后打开取样阀，排净阀门内死油，并对取样管路、取样容器进行冲洗	应用小油桶接油，勿使油洒落地面
	1.3	取样	利用油本身压力使油注入注射器或试剂瓶	注意调节阀门开度，控制油流速度
	1.4	样品密封	当油样达到所需毫升数时，取下注射器或试剂瓶；注射器在排出空气后应立即用小胶头封住注射器头部；试剂瓶应立即盖上瓶盖	注射器内不能留有气泡
	1.5	装样	将装有油样的注射器或试剂瓶置于专用装样箱中	油样应置于专用容器箱中，避免剧烈震动，防止容器破碎
	1.6	阀门恢复	关紧阀门，用布将取样阀擦拭干净	检查有无渗漏油；对老化或损坏的密封圈必须更换，防止渗漏油
	2. 变压器套管取油			
	2.1	旋开闷盖	使用扳手，旋开套管取样阀或注油口闷盖	在旋开闷盖的过程中，要注意油是否有渗出，如渗出的油较多，怀疑浮球（逆止阀）失灵时，应立即停止并恢复
	2.2	取样管路连接	如果在底部取样，将专用取油阀与套管底部取样阀相连接。如果是顶部或侧面注油口取样，将取样软管直接伸入储油柜内	连接面应紧密，不渗油。针筒和软管应清洁干燥，套管上部取样时注意防止软管脱落掉入套管储油柜内部
	2.3	润洗注射器和管路	抽取少量油样，润洗注射器和取样管路	排净注射器和取样软管中滞留的空气
	2.4	取样	调节三通阀，让变压器油缓慢从专用取油阀通过三通阀流向注射器。套管上部取样时，可适当抽拉注射器芯子抽取油样	动作应缓慢，避免喷油和产生气泡
	2.5	样品密封	当油样达到所需毫升数时，取下注射器，在排出空气后应立即用小胶头封住注射器头部	注射器内不能留有气泡
	2.6	装样	将装有油样的注射器置于专用装样箱中	油样应置于专用容器箱中，避免剧烈震动，防止容器破碎
	2.7	阀门恢复	退出取样工具，更换闷盖密封圈，关紧阀门	认真检查密封圈放置位置是否对中，更换后的新密封圈应平整嵌入槽内，表面不应出现起伏现象。同时根据生产厂家规定的力矩，使用力矩扳手对闷盖进行紧固，避免压紧力过大引起拉毛或应力老化
	2.8	封胶	如果在套管顶部取样，可在闷盖四周打上密封胶	密封胶应耐水和耐热性能好

表（续）

√	序号	作业内容	作业标准	安全措施及注意事项
	3．变压器气体继电器取气样			
	3.1	打开外罩	打开瓦斯继电器外罩，取下放气塞堵头	
	3.2	取样装置连接	将乳胶管套在气体继电器的放气嘴上，另一头接到医用三通阀，并将注射器与医用三通阀连接	连接应牢固
	3.3	冲洗注射器和管路	打开气体继电器放气塞，转动三通阀，用气体继电器内的少量气体冲洗连接管路及注射器	由于取气时，气体阻力很小，转动三通阀时动作应缓慢，防止气体继电器内气体快速逸散
	3.4	取气	冲洗管路和注射器后，转动三通阀方向，利用气体压力使气体注入注射器，一般取60～80mL气样即可	取气过多注射器容易泄漏，取气样时还应注意不要让油进入注射器
	3.5	排气	取样后，转动三通阀的方向使之封住注射器口，将瓦斯继电器内剩余积气排出，待三通阀下端出口出油后关闭放气塞	
	3.6	气样密封	把注射器连同三通阀和塑胶软管一起取下来，取下三通阀后，立即改用小胶帽封住注射器头部	
	3.7	装样	取好气样的注射器应放置在专用的样品盒内	注射器应粘贴标签，并填写设备名称和运行编号等相关内容
	3.8	气体继电器恢复	旋回气体继电器的放气塞堵头，紧固外罩螺丝，装上气体继电器防雨罩	

4.3 完工

√	序号	内　　容	责任人签字
	1	清理现场，确认现场没有遗留物，设备上无遗留工器具	
	2	办理工作票终结手续	

5 完工总结

（1）	操作结果	
（2）	存在问题及处理意见	

6 作业指导书执行情况评估

评估内容	符合性	优		可操作项	
		良		不可操作项	
	可操作性	优		建议修改项	
		良		遗漏项	
存在问题					
改进意见					

3　油浸式电力变压器例行试验安全质量控制卡

班组作业安全质量控制卡

作业名称：高试班110kV×××变电站×号主变压器本体例行试验

工作负责人编写：＿＿＿＿＿＿审核：＿＿＿＿＿＿批准：＿＿＿＿＿＿

作业性质：多专业作业

计划时间：＿＿年＿＿月＿＿日＿＿时＿＿分至＿＿年＿＿月＿＿日＿＿时＿＿分

1　作业前

1.1　作业前准备

序号	名称	规格	单位	数量	确认
1. 工器具					
1.1	主变压器标准试验仪器	标准	套	1	
2. 防护用品					
2.1	成套安全工器具箱	标准	套	1	
3. 作业文件					
3.1	工作票编号				
3.2	作业文件（历史试验记录、试验标准等）				
4. 其他（录音笔、红马甲）					

1.2　出工前准备

序号	名　　称	确认
1	班组班前会	
2	出工三检查	

2　作业中

2.1　作业组班前会

2.1.1　本作业危险点分析及安全措施交底

序号	危险点分析	安全控制措施	确认
1	作业人员在无人监护情况下进入作业现场可能会走错间隔或与带电设备的安全距离不够	现场试验工作必须严格执行工作票制度、工作许可制度、工作监护制度、工作间断、转移和终结制度，工作前应认真核对设备名称、编号、工作地点，不得移开或越过安全遮栏	
2	不设安全围栏，可能会使非试验人员进入试验场地，造成触电	试验现场装设安全遮栏或围栏，遮栏或围栏与试验设备高压部分应有足够的安全距离，向外悬挂“止步，高压危险”的标示牌，并有专人监护，严禁非试验人员进入试验现场	
3	试验设备接地不良会对试验人员造成伤害	非金属外壳的仪器，应与地绝缘；金属外壳的仪器和变压器外壳应接地。试验装置的电源开关，应使用有明显断开点的双极刀闸，并有可靠的过载保护装置	

表（续）

序号	危险点分析	安全控制措施	确认
4	加压时无人监护，可能会造成误加压或非试验人员误入试验场地造成触电	试验过程应有专人监护并呼唱，当出现异常情况时，应立即停止试验，对被试品进行接地放电后再对其进行检查，查明原因后，方可继续试验	
5	变更试验接线或加压试验结束时，没有对试品进行充分放电可能会发生电击	变更试验接线或加压试验结束时，应首先断开试验电源、先用电阻放电，然后接地，并将升压设备的高压部分放电、短路接地。对于未安装接地线的大容量被试设备，实验前应充分放电，高压直流试验时，每告一段落或试验结束时，应将试品通过电阻放电然后接地	
6	登高作业可能会发生高空坠落	登高作业，应正确使用安全带，禁止安全带低挂高用	
7	自感电动势伤人	直流电阻测量时开合电源瞬间，不得接触绕组线端	
8	工作结束后，设备未恢复到许可前状态造成设备损坏、人身伤害	试验结束后，试验人员应对被试设备进行检查和清理现场，应特别注意检查设备上有无遗留工器具和临时安装的接地线，并将被试设备恢复到许可前状态	

2.1.2 其他班组间配合或交叉作业危险点分析及安全措施交底

序号	相关班组	危险点分析	安全控制措施	确认
1	检修班、变压器班	人身触电	高压试验前，应与其他班负责人互相协调，试验时应有专人监护，在进行高压试验后应对试品充分放电	
2	检修班、变压器班	机械伤害	进行有载调压开关操作试验时，传动部分可能会对其他班组作业人员造成伤害；试验前检查人员和操作人员应配合好，由检查人发令操作；进行操作试验时，应通知非试验人员不得触及传动部件	

2.1.3 安全措施确认

我已知晓上述工作地点、工作内容、停电范围、作业分工、危险点及安全控制措施，精神状态良好。 确认签字：

2.2 关键工序安全质量控制

序号	关键工序	质量安全控制	确认
1	变压器绕组绝缘电阻测试	1. 将不同温度下的绝缘值换算到同一温度下 $R_2=R_1\times1.5^{(t_1-t_2)/10}$，与上一次试验结果相比应无明显变化；（式中 R_1、R_2 分别为在温度 t_1、t_2 下的绝缘电阻值）。 2. 吸收比不小于 1.3，极化指数不小于 1.5	
2	变压器铁芯绝缘电阻测试	1. 铁芯绝缘电阻≥100MΩ（新投运 1000MΩ）。 2. 与以前测试结果相比无显著差别	
3	变压器绕组介质损耗因数和电容值测试	1. 20℃时 $\tan\delta$ 不大于 0.8%。 2. 所测介损值与历年值比较，应无明显变化，一般不大于 30%。 3. 同一变压器各绕组 $\tan\delta$ 应基本一致。 4. 所测电容值与以往数值相比不应有明显变化	

表（续）

序号	关键工序	质量安全控制	确认
4	变压器套管绝缘电阻测试	1．主绝缘绝缘电阻：≥10000MΩ。 2．末屏对地绝缘电阻：≥1000MΩ	
5	变压器套管介质损耗及电容量测试	1．电容量与初值差不超过±5%。 2．介质损耗因数受温度的影响应进行修正 $\tan\delta_2=\tan\delta_1\times1.3^{(t_1-t_2)/10}$ 式中：$\tan\delta_1$、$\tan\delta_2$分别表示温度为t_1、t_2时的绝缘电阻。 3．主绝缘20℃时的$\tan\delta$值不应大于如下规定值： 油浸纸：≤0.007	
6	变压器有载分接开关试验	1．过渡电阻与铭牌值比较偏差不大于±10%。 2．正反方向的切换程序与时间符合制造厂要求，无开路现象，其主弧触头分开与另一侧过渡弧触头闭合的时间不得小于10ms。 3．三相同步的偏差、切换时间的数值及正反向切换时间的偏差均与制造厂的技术要求相符	
7	变压器绕组直流电阻测试	1．试验前应记录顶层油温和环境温度，不同温度下电阻值按下式换算： $R_2=R_1\left[(T+t_2)/(T+t_1)\right]$ 式中：R_1、R_2分别为在温度t_1、t_2时的电阻值；T为计算用常数，铜导线取235，铝导线取225。 2．各相绕组电阻相互间的差别，不应大于三相平均值的2%；无中性点引出的绕组，线间差别不应大于三相平均值的1%；同相初值差不超过±2%	

2.3 作业验收

2.3.1 检修人员验收

序号	验收内容	确认
1	试验项目是否已全部完成	
2	工作场地的卫生清洁工作是否已完成，全部工器具是否已全部收回	
3	检查被测设备是否有遗留物，被测试设备是否已恢复至试验前状态	
4	工作负责人验收签字：	

2.3.2 运维人员验收

运维人员验收：
检修记录已登记，现场已验收合格。　　运维人员确认签字：________

2.4 作业组班后会

序号	项目	确认
1	作业组班后会	
2	存在问题及措施：	

3 作业后

3.1 作业后内业工作

序号	项　　目	内　　容	确认
1	生产管理系统流程运转	报表编写上传、完成时限填写、完成设备作业后评估	
2	录音上传	工作票录音	
3	作业文件归档	安全质量控制卡、工作票、报表	

3.2 作业评价

评价情况：经检查，本控制卡______________，存在______________________问题，已向______________提出。

检查人：____________________

______年____月____日

4 绝缘油取样安全质量控制卡

班组作业安全质量控制卡（绝缘油取样）

作业名称：××班220kV××变电站×号主变压器本体取油

工作负责人编写：________ 审核：________ 批准：________

作业性质：单专业 计划时间： 年 月 日 时 分至 年 月 日 时 分

1 作业前

1.1 作业前内业准备

序号	名 称	规 格	单位	数量	确认
1. 工器具					
1.1	标准工具箱	标准	套	1	
1.2	注射器	100mL	只	1	
1.3	取样瓶	500mL（附带标签）	只	1	
1.4	油桶	—	个	1	
2. 材料					
2.1	耐油软管	30cm	条	1	
2.2	棉纱或纱布	—	块	2	
2.3	标签	标准	张	3	
2.4	橡胶头	标准	个	3	
3. 防护用品					
4. 作业文件					
4.1	工作票编号				
5. 其他（录音笔、红马甲）					

1.2 出工准备

序号	名 称	确认
1	班组班前会	
2	出工三检查（着装规范、工器具齐全、精神状态良好）	

2 作业中

2.1 作业组班前会

2.1.1 本作业危险点分析及安全措施交底

序号	危险点分析	安全控制措施	确认
1	工器具不合格	检查安全工器具、劳动防护用品是否合格齐备	
2	走错间隔	工作前应认真核对设备名称、编号、工作地点	
3	大量喷油	防止阀门开启过大，油大量喷出	

表（续）

序号	危险点分析	安全控制措施	确认
4	漏油	对老化或损坏的密封圈应及时更换；取完油样必须关紧设备阀门	
5	高空坠落	高空作业必须绑好安全带，禁止低挂高用；使用防滑绝缘梯，并有专人扶持	

2.1.2 安全措施确认

我已知晓上述工作地点、工作内容、作业分工、危险点及安全控制措施，精神状态良好。 确认签字：

2.2 关键工序安全质量控制

序号	关键工序	质量安全控制	确认
1	开启取样阀门	检查取样阀是否损坏或渗漏；对老化或损坏的密封圈应及时更换；防止阀门开启过大，油大量喷出	
2	取油样	1．取样阀应先用干净棉布或纱布擦净，然后排净死油。 2.用油湿润和冲洗注射器 2～3 次。 3．应采用全密封取样，利用油本身压力使油注入注射器，操作时油中不得产生气泡。 4．取样完应立即用小胶头封住注射器，油中不得残留气泡。 5．取样量以够试验用为限，一般色谱及微水分析取 60mL 左右	
3	关紧阀门	用布把阀门擦拭干净，使用力矩扳手，按要求拧紧阀门，阀门不应出现渗漏油现象	
4	工作结束	清点工器具并清理现场	
5	油样运输和保存	1．避免剧烈震动，防止容器破碎。 2．油样保存应避光、防潮、防尘，注射器芯不卡涩。 3．油样应尽快分析，一般不得超过三天	

2.3 作业验收

2.3.1 运维人员验收

序号	验收内容	确认
1	检查取样螺帽已封紧，无渗漏	
2	检查现场无遗留工器具、材料	
3	工作负责人验收签字	

2.4 作业组班后会

序号	项目	确认
1	作业组班后会	
2	存在问题及措施：	

3 作业后

3.1 作业后内业工作

序号	项　　目	内　　容	确认
1	生产管理系统流程运转	报表编写上传、完成时限填写、完成设备作业后评估	
2	录音上传	工作票录音	
3	作业文件归档	安全质量控制卡、工作票	

3.2 作业评价

评价情况：经检查，本控制卡______________，存在____问题，已向________________提出。

检查人：__________________

______年____月____日

5 电气第一种工作票

××电业局（供电公司）

××变电站电气第一种工作票

编号：×××××

1．部门：×××××　工作班组：×××××　工作负责人：×××

2．工作班人员：×××、×××、×××

共 ×× 人

3．工作任务：

工　作　地　点	工　作　内　容
220kV××变电站1号主变压器本体	220kV××变电站1号主变压器套管取油

4．计划工作时间：自××年×月×日×时×分至××年×月×日×时×分

5．安全措施：

电气接线图或必要时可附页绘图说明:220kV××变电站1号主变压器本体转检修。

许可前由工作许可人会同工作负责人到现场逐项检查核对后在已执行栏打√。

序号	应断开的断路器、刀闸，应取下的熔丝，应解除的继电保护连接片等（包括填写前已断开、取下、解除的）注明编号	已执行
1	应断开27A、17A、67A断路器，27A1、27A2、27A3、27A7、17A1、17A2、17A3、17A7、67A1、67A3刀闸	
2	应断开27A、17A、67A断路器控制电源	
3	应断开27A1、27A2、27A3、27A7、17A1、17A2、17A3、17A7刀闸操作电源、电动机电源	
序号	应装接地线、应合接地刀闸（注明接地线具体位置，并留出空位由许可人注明接地线编号）	已执行
1	应在1号主变压器220kV侧27A3刀闸靠主变压器侧装设　号三相短路接地线一组	
2	应在1号主变压器110kV侧17A3刀闸靠主变压器侧装设　号三相短路接地线一组	
3	应在1号主变压器10kV侧避雷器引线上装设　号三相短路接地线一组	
序号	应设遮栏、应挂标示牌、防止二次回路误碰的措施	已执行
1	应在27A1、27A2、27A7、17A1、17A2、17A7、67A1刀闸操作把手上挂“禁止合闸，有人工作”标示牌	
2	应在1号主变压器本体上挂“在此工作”标示牌	
3	应在1号主变压器本体四周设置围栏或围网，其出入口围至临近道路旁边，并挂“由此进出”标示牌，工作地点四周围栏上挂“止步，高压危险！”标示牌，标示牌朝向围栏里面	

工作地点保留带电部分或注意事项（签发人或工作负责人填写）	补充工作地点保留带电部分和安全措施（许可人填写）
相邻2号主变压器本体在运行中	

二次工作安全措施票（票号）：

工作票签发人签名：签发日期：××年×月×日×时×分

收到工作票时间：××年×月×日×时×分　值班人员签名：____________

6．确认本工作票1～5项

许可开始工作时间：××年×月×日×时×分

工作许可人签名：____________　工作负责人签名：____________

7．工作人员变动：

增添人员姓名	日	时	分	工作负责人签名	离去人员姓名	日	时	分	工作负责人签名

8．工作负责人变动：

原工作负责人__________离去，变更__________为工作负责人。

变动时间：___年__月__日__时__分　工作票签发人签名：____________

9．工作票延期：有效期延长到××年×月×日×时×分

工作负责人签名：____________　值长或值班负责人签名：____________

10．每日开工和收工时间（使用一天的工作票不必填写）

收工时间				工作负责人	工作许可人	开工时间				工作负责人	工作许可人
月	日	时	分			月	日	时	分		

11．工作结束：设备及安全措施已恢复至开工前状态，现场已清理完毕，工作班人员已全部撤离。全部工作于××年×月×日×时×分结束。

工作负责人签名：____________　工作许可人签名：____________

12．工作票终结：临时遮栏、标示牌已拆除，常设遮栏已恢复。接地线编号××××××××××××等共××组、接地刀闸××（小车）共××副（台）未拆除或拉开，已汇报调度。

工作许可（当值）人签名：____________　时间：××年×月×日×时×分

13．备注：

（1）检修工作中允许试分合的设备：

允许试分合的设备	解锁执行人	解锁时间	操作人	监护人	操作设备时间

（2）工作负责人指定专职监护人：

第一组_____ 负责监护________________________________

第二组_____ 负责监护________________________________

第三组_____ 负责监护________________________________

（3）其他补充安全措施:

①上主变压器作业人员都必须系好安全带；②登高梯要有防滑措施；③与带电设备要保持足够的安全距离（220kV 不小于 3.0m；110kV 不小于 1.5m；10kV 不小于 0.7m）；④使用升降车必须要有专人监护；⑤升降车必须可靠接地

（4）其他事项：________________________________

14．交任务、交安全措施确认：我对工作负责人布置的工作任务及安全措施已明白无误，所有安全措施已能确保我的工作安全。

工作班人员签名：________________________________

15．评价情况：经检查本票为票。存在________________________________问题，已向指出。

检查人：______________

_____年____月____日

6 电气第二种工作票

××电业局（供电公司）

××变电站电气第二种工作票

编号：××××××××

1．部门：×××　工作班组：×××　工作负责人：×××

2．工作人员：×××，×××，×××，×××，×××　共××人

3．工作任务：

工 作 地 点	工 作 内 容
××变电站1号主变压器本体	1号主变压器本体取油

4．计划工作时间：自××年×月×日×时×分至××年×月×日×时×分

5．工作条件（停电或不停电，及邻近带电或保留带电设备名称）：不停电

6．安全措施和注意事项：

（1）工作中人与工器具应注意与110kV高压带电部位保持1.5米及以上、与35kV高压带电部位保持1.0m及以上、与10kV高压带电部位保持0.7m及以上安全距离；（2）工作完毕后应关紧阀门，清理现场油迹。

二次工作安全措施票（票号）：

工作票签发人签名：×××　签发日期：××年×月×日×时×分

7．补充安全措施（工作许可人填写）：

8．确认本工作票1～7项

许可开始工作时间：___年___月___日___时___分

工作许可人：________　工作负责人：________

9．工作人员变动：

增添人员姓名	日	时	分	工作负责人签名	离去人员姓名	日	时	分	工作负责人签名

10．工作负责人变动：

原工作负责人________离去，变更________为工作负责人。

变动时间：___年___月___日___时___分　工作票签发人签名：________

11．工作票延期：有效期延长到：___年___月___日___时___分

工作负责人签名：____________　　值长或值班负责人签名：____________

12．工作票终结：

工作班人员已全部撤离，现场已清理完毕。全部工作于___年__月__日__时__分结束。

工作负责人：_______________　　工作许可人：_____________

13．备注：____

____

14．交任务、交安全措施确认：我对工作负责人布置的工作任务及安全措施已明白无误，所有安全措施已能确保我的工作安全。

工作班人员签名：

15．评价情况：经检查本票为票。存在____

____问题，已向指出。

检查人：__________________

____年____月____日

附　录

油浸式110kV双绕组变压器例行试验记录单

站　名		调度号		委托单位		试验单位	
试验性质		试验日期		天气		试验地点	
试验人员				审核人			

1　设备铭牌

厂　名			电压（kV）		出厂日期	
出厂序号		额定容量（kVA）			接线组别	
相数		型号				
额定电流（A）		额定电压（kV）				
阻抗电压（%）	高—低					
负载损耗（kW）	高—低					
空载损耗（kW）		空载电流（%）				

2　试验项目

项目序号	试 验 项 目 名 称
1	绕组直流电阻（mΩ）
2	绕组绝缘电阻（MΩ）
3	绕组介损及电容量
4	套管试验
5	铁芯绝缘电阻（MΩ）

2.1　绕组直流电阻（mΩ）

顶层油温　　℃　环境温度　　℃　环境湿度　　%

	分头	1	2	3	4	5	6	7	8	9/9a	10/9b
高压绕组	UN										
	VN										
	WN										
	三相不平衡率（%）										

表（续）

	分头	11/9c	12/10	13/11	14/12	15/13	16/14	17/15	18/16	19/17	相或线直流电阻
高压绕组	UN										
	VN										
	WN										
	三相不平衡率（%）										

低压绕组	u-v	u-w	w-u	u-x	u-y	w-z	三相不平衡率（%）
试验仪器							
分项结论			状态量评价				

2.2 绕组绝缘电阻（MΩ）

顶层油温　　℃　环境温度　　℃　环境湿度　　%

部　位	R15	R60	R600	吸收比	极化指数
高压对低压及地					
低压对高压及地					
高压及低压对地					
试验仪器					
分项结论		状态量评价			

2.3 绕组介损及电容

顶层油温　　℃　环境温度　　℃　环境湿度　　%

部　位	高压对低压及地	低压对高中压及地	高压及低压对地
介损 $\tan\delta$（%）			
电容量（pF）			
试验仪器			
分项结论		状态量评价	

2.4 套管试验

顶层油温　　℃　环境温度　　℃　环境湿度　　%

相　别	U	V	W	O
产品型号				
出厂编号				
制造厂家				
出厂日期				
铭牌电容（pF）				
末屏绝缘（MΩ）				

表（续）

相 别	U	V	W	O
介损 $\tan\delta$（%）				
实测电容（pF）				
电容量误差（%）				
试验仪器				
分项结论		状态量评价		

2.5 铁芯绝缘电阻（MΩ）

顶层油温　　℃　环境温度　　℃　环境湿度　　%

铁芯对地	铁芯对夹件		夹件对地
试验仪器			
分项结论		状态量评价	

3 试验结论

结论	
备注	

思考与练习答案

1．答：绕组电阻、铁芯绝缘电阻、绕组绝缘电阻、套管末屏对地绝缘电阻、套管介质损耗因数、绕组的介质损耗因数和有载分接开关动作特性检查。

2．答：（1）变压器试验拆、接线应使用高空作业车或搭脚手架。

（2）高度超过 1.5m 处作业，应使用安全带。110kV 及以上的主变压器上等高处作业（带电作业除外），必须使用双控安全带。

（3）正确使用安全带（绳），严禁低挂高用或系挂在不牢固的构件上。

（4）穿耐油工作鞋，登高前清理鞋底油污；在霜冻、雨雪后进行高处工作，应采取防滑措施。

3．答：（1）变压器本体油位、有载开关油位和套管油位应正常。

（2）变压器本体及其附件应无油渗漏。

（3）变压器外绝缘如有污秽应清扫。

（4）变压器本体和铁芯应可靠接地。

（5）测温装置的温度指示应合理。

4．答：环境相对湿度不宜大于 80%，环境温度不宜低于 5℃，绝缘表面应清洁、干燥。

5．答：试验电源应使用有明显断开点的双极刀闸，并有可靠的过载保护装置，每次加压试验结束时，应首先断开试验电源刀闸，再拔出电源插头；变更试验接线前，应确认试验电源已断开，用电阻杆将被试绕组的高压端放电、短路接地。

6．答：（1）了解设备定期和动态评价的状态。

（2）了解近期运行巡视情况。

（3）了解试验周期内设备故障情况。

（4）了解缺陷与消缺情况。

（5）了解红外检测情况。

（6）了解在线监测（带电测试）情况。

（7）了解历年电气试验和油中溶解气试验情况。

（8）根据变压器运行状态来确定是否增加诊断性试验项目。

7．答：（1）现场作业人员应身体健康、精神状态良好。

（2）具备必要的电气知识和高压试验技能，能正确操作试验设备，了解被试设备有关技术标准要求，能正确分析试验结果。

（3）熟悉现场安全作业要求，并经安规考试合格。

8．答：（1）拆除试验临时电源接线。

（2）检查被试设备上有无遗留工器具和试验用导地线。

（3）将被试设备的一、二次接线恢复正常。

（4）清点工具，清理试验现场，拆除试验临时安全围栏。

（5）向运行人员报告被试设备试验结果。

（6）办理工作票终结手续。

9．答：（1）试验人员进入生产设备管理系统填写试验报告，各级在规定的时限内完成审核。

（2）在状态检修辅助决策系统启动被试变压器修后（例行试验后）状态评价流程，试验人员进入状态检修辅助决策系统进行被试变压器的状态评价，各级在规定的时限内完成评价的流程。

10．答：（1）旋开闷盖：使用内六角螺栓扳手，旋开套管取样阀闷盖。在旋开取样口闷盖的过程中，要注意油是否有渗出，如渗出的油较多，怀疑浮球（逆止阀）失灵时，应立即停止并恢复。然后检查闷盖上的密封圈是否损坏。

（2）取样管路连接：如果在底部取样，将专用取油阀与套管底部取样阀相连接。如果是顶部或侧面注油口取样，将取样软管直接伸入储油柜内。注意连接面应紧密，不渗油，针筒和软管应清洁干燥，套管上部取样时，应防止软管脱落掉入套管储油柜内部。

（3）润洗注射器和管路：抽取少量油样，润洗注射器和取样管路，排净注射器和取样软管中滞留空气。

（4）取样：调节三通阀，让变压器油缓慢从专用取油阀通过三通阀流向注射器。套管上部取样时，可适当抽拉注射器针芯抽取油样。取样过程动作应缓慢，避免喷油和产生气泡。

（5）样品密封：当油样达到所需毫升数时，取下注射器，排出注射器内的空气后，立即用小胶头封住注射器头部。注意注射器内不能有气泡。

（6）装样：油样应置于专用容器箱中，避免剧烈震动，防止容器破碎。

（7）阀门恢复：退出取样工具，更换闷盖密封圈，关紧阀门。注意检查密封圈放置位置是否对中，更换后的新密封圈应平整嵌入槽内，密封圈表面不应出现起伏现象。同时根据生产厂家要求的力矩，使用力矩扳手对闷头进行紧固，注意压紧力不宜过大，避免拉毛及运行后应力老化，连接处应密封良好，不渗油。